August Johann Georg Carl Batsch

Der geöffnete Blumengarten

August Johann Georg Carl Batsch

Der geöffnete Blumengarten

ISBN/EAN: 9783743470934

Hergestellt in Europa, USA, Kanada, Australien, Japan

Cover: Foto ©ninafisch / pixelio.de

Weitere Bücher finden Sie auf **www.hansebooks.com**

Der geöffnete BLUMENGARTEN

theils nach dem Englischen von Curtis Botanical Magazine, neu bearbeitet, theils mit neuen Originalien bereichert

und

zur Erläuterung der Frauenzimmer-Botanik für Pflanzenliebhaber welche keine Gelehrten sind

herausgegeben

von

Dr. Aug. Ioh. Ge. Carl Batsch

Professor zu Iena.

Mit 100 ausgemahlten Kupfern.

Weimar
im Verlage des Industrie-Comptoirs
1798.

Vorrede.

Die hundert Abbildungen des deutſchen geöffneten Blumengartens ſind gröſstentheils aus dem ähnlichen Werke des Engländers Curtis entlehnt, der vierte Theil derſelben iſt aber nach Originalgemälden, oder einigen bereits in Deutſchland erſchienenen Kupfern, bearbeitet. So vieles Lob auch die engliſchen

schen Zeichnungen verdienen, so dürfen sich doch die deutschen in ihrer Gesellschaft nicht schämen, und der Kenner wird vielleicht die gegenseitigen Verhältnisse von Bestimmtheit und von Pracht nicht ohne Vergnügen bemerken. Aus dem englischen Text sind da, wo englische Zeichnungen benuzt wurden, nur einzelne kleine Nachrichten in den deutschen aufgenommen worden. Der Verfasser des letztern hatte nicht zur Absicht, wie man sich ganz irrig ausdrückte, malerische Beschreibungen zu liefern, sondern er wünschte, feine, für den gebildeten Geist anziehende Verhältnisse der Pflanzenwelt in einem etwas lebhaftern und zwanglosen Vortrage aufzustellen. Er glaubte dadurch, nach und nach, auf eine angenehme Weise, die Freunde der Blumen mit dem Gedanken vertraut zu machen, dass man das Vergnügen der Anschauung durch das der Betrachtung und Vergleichung wesentlich erhöhen und

ihm

ihm dadurch einen dauernden Werth verleihen könne.

Es schließt sich diese Bemühung genau an die Frauenzimmerbotanik des Verfassers an. In jener Schrift mußte er, da das Ganze der Kenntniß in einer leichten Ueberficht dargestellt werden sollte, sich nach einem bestimmten Plane bequemen. Diejenigen, welche die eben genannte Schrift besitzen, finden in dem Blumengarten beständig darauf verwiesen, da dieser letztere später erschien; in der neuen, so eben fertig gewordnen Ausgabe der Frauenzimmerbotanik ist hingegen der Blumengarten selbst an den gehörigen Stellen angeführt, und man wird also bey beyden Ausgaben die Tafeln des geöffneten Blumengartens, nebst ihrer Beschreibung, zur Erläuterung und Versinnlichung des dort Gesagten anwenden können.

Da bey der Frauenzimmerbotanik keine Zeichnungen über die so merkwürdigen cryptogamischen Gewächse befindlich sind, so hat man durch gegenwärtige Lieferung derselben bey dem Blumengarten (XCII — C.) diesem Mangel abhelfen wollen.

LI.

PYRUS SPECTABILIS.

Der chinesische Apfelbaum. — *Chinese Apple Tree.*

Die Familie der Kernfrüchte (*Fr. Bot. S.* 154.) ist mit den Rosen verwandt, trägt aber, wie es an allen Aepfeln, Birnen, Mispeln, Quitten u. s. w. bekannt ist, keine einsaamigen und meist trocknen Früchte (*Fr. Bot. S.* 78.), ihre Blumen stehen über der Frucht, die Blätter sind meist einfach, und die Stämme baumartig.

Die Rosenarten (*Fr. Bot. S.* 154.) haben freystehende, einsaamige Stempel und Früchte, ihre Blätter sind gewöhnlich zertheilt, oder zusammengesetzt, die Stämme sind höchstens strauchartig, die meisten sind nur Kräuter.

An dem Chinesischen Apfelbaume, der seit 1780. in Europa bekannt ist, sieht man die schöne Rosenfüllung, und durch sie die Anmuth der Baumblüthe, die überhaupt die herrlichste Zeit des Jahres zu begleiten pflegt, um ein merkliches erhöht. Sie ist nicht ganz vollendet, und einige Staubgefäße bleiben noch übrig (*Fr. Bot. S.* 72.).

Das dunkle Holz der Zweige und das tiefe Grün der Blätter trägt auch noch das Seinige bey, um die Rosenfarbe der Krone zu erheben.

Der Baum verträgt zwar das Freye, eine Lage, die ihn vor schneidenden Winden schützt, ist ihm gleichwohl am zuträglichsten. Er erlangt eine Höhe von zwanzig bis dreyssig Fuss. Die Früchte werden nur seltner reif.

LI.

PYRUS SPECTABILIS.

Le Pommier chinois. — Der chinesische Apfelbaum. — Chinese Apple-Tree.

La famille des fruits à pépin (*Fr. Bot. p. 154.*) est en parenté avec les Roses, avec la différence cependant, qu'elle ne porte pas des fruits à un seul grain et ordinairement secs (*Fr. Bot. p. 78.*), comme on peut le voir à toutes les espèces de pommes et de poires aux nèfles, aux coins etc. que ses fleurs se trouvent au dessus du fruit, que ses feuilles sont pour la plûpart simples, et les tiges semblables à celles des arbres.

Les espèces des Roses (*Fr. Bot. p. 154.*) ont des pistils détaches, et portent des fruits à un grain, les feuilles sont presqu' ordinairement divisées ou composées, leurs tiges sont au plus des buissons, et la majeure partie même ne sont que des herbes.

Le Pommier chinois est connu en Europe depuis 1780. On y remarque cette même multiplicité agréable des feuilles, qu'on admire aussi dans les Roses; elle relève de beaucoup la beauté attrayante de sa fleuraison, qui a lieu dans la plus belle saison de l'année; sa fleur n'est pas parfaitement achevée, car il lui reste encore quelques étamines (*Fr. Bot. p. 72.*).

La couleur foncée des branches et le verd obscur des feuilles contribuent considérablement à augmenter la belle couleur de Rose, qui embellit sa couronne.

Cet arbre endure l'air libre, mais il lui convient cependant mieux, d'être placé de manière à être garandi contre les rigueurs des vents froids. Il atteint une hauteur de vingt à trente pieds; ses fruits parviennent rarement à la maturité.

Melaleuca scoparia

LII.

MELALEUCA SCOPARIA.

Neuſeeländiſcher Thee. — Tea Melaleuca.

An dem Weisdorn, der zu den Kernfrüchten gehört, und an der Myrte haben die Blumen ein ähnliches Anſehen, wie an dieſem Gewächs. Die letztere Vergleichung iſt jedoch die richtige; die Myrtenfamilie kommt zwar im Bau des Kelchs, der Krone, und der Staubfadenreihe, mit den Kernfrüchten überein, ſie unterſcheidet ſich aber durch den einfachen Griffel, durch den Mangel der Afterblätter, und, bey genauer Betrachtung, der Staubbeutel. Sie beſitzt überdem meiſt ſteife, auf der Unterſeite punktirte Blätter, und führt gewürzhafte Säfte (*Fr. Bot. S.* 126.).

Die Kernfrüchte leben in dem gemäſsigten Erdſtrich; ſie gedeihen ſelten im heiſsen, der den eigentlichen Wohnort der zahlreichen Myrtengewächſe beſtimmt. Man kann die gegenwärtige Art bey uns im Gewächshauſe erhalten, wo ſie ſich ſehr dauerhaft zeigt; ſie wurde unter mehrern andern Arten dadurch berühmt, daſs ſie, bey einer Reiſe um die Welt, auf Neuſeeland von Cocks Begleitern als Thee gebraucht wurde, und die Geſundheit der Seefahrer wieder herſtellen half. Der Thee war von etwas gewürzhaftem Geſchmack, von angenehmen Geruch, nahm aber bald eine Bitterkeit an.

LII.
MELALEUCA SCOPARIA.

Le Thé de la Nouvelle Zélande. — Neuſeeländiſcher Thee. — Tea Melaleuca.

Les fleurs de l'Aubépine, qui fait partie des fruits à pépin, et celles de Myrte, ont beaucoup de reſſemblance avec les fleurs de la plante préſente. La derniere comparaiſon eſt cependant la plus juſte. En effet la famille des Myrtes a beaucoup de commun avec les fruits à pépin, tant pour la ſtructure du calice, et de la couronne, que pour l'aſſemblage des étamines; mais elle ſ'en diſtingue par ſon piſtil ſimple, par le défaut des fauſſes feuilles, et en l'éxaminant de près, par les antheres. Outre cela ſes feuilles ſont preſque généralement roides, et parſemees de points ſur le coté inferieure; elle a une ſève très aromatique (*Fr. Bot.* p. 126.).

Les fruits à pépin croiſſant dans la Zône temperée et proſperent rarement dans la torride, qui au contraire eſt la veritable patrie des eſpèces nombreuſes de Myrtes. L'eſpece préſente peut être conſervée chez nous dans des ſerres, et elle ſ'y montre très durable. Elle a eu l'avantage ſur pluſſieurs autres eſpèces de ſon genre, d'acquérir de la célébrité par un voyage autour du Monde fait par Cook; les compagnons de cet illuſtre Marin l'ayant trouvé dans la Nouvelle Zélande, ſ'en ſervirent comme du Thé, et elle contribua eſſentiellement à rétablir la ſanté de leurs malades. Ce Thé etoit d'un goût aſſés aromatique, et d'une odeur agréable et ſuave, mais peu de tems après ſa préparation il devint amère.

Metrosideros citrina

LIII.
METROSIDEROS CITRINA.

Der scharfblättrige Weissbaum. — Harshleaved Metrosideros.

Eine indianische Myrtengattung, zu welcher die nächstvorhergehende Art, der Cajeputbaum, und viele andre gehören, hat man Weissbäume genannt, da die Stämme von mehrern sich durch diese Farbe auszeichnen. Die gegenwärtige Art aus Neuholland, wo diese Gattung besonders einheimisch ist, weicht in ihrem Ansehen sehr von der vorigen ab, und manche Botaniker theilen daher, wegen dieser und anderer Verschiedenheiten, die Gattung der Weissbäume in mehrere (Metrosideros, Fabricia, Leptospermum, Melaleuca).

Bey derjenigen Abtheilung, wovon wir hier ein Beyspiel sehen, sind die Staubfäden auf Unkosten der kleinen, bald abfallenden Blumenblätter, vergrössert, und ihre grossen Büsche sind durch eine prächtige Röthe verschönert. Dies ist ein ähnlicher Fall, wie bey den Mimosen (N. VI.).

Durch die Veränderung der Staubknöpfe aus dem Dunkeln ins Gelbe, welche entsteht, wenn sie sich eröffnen, wird die Menge der Fäden noch deutlicher gemacht.

Die Blätter sind steif, und rauh anzufühlen. sie haben wegen der vorragenden Adern fast das Ansehen, als wenn sie ausgetrocknet wären. Gerieben geben sie einen Myrtengeruch.

Erst nachdem der Strauch fünf bis sechs Iahr alt geworden, pflegt er zu blühen.

LIII.
METROSIDEROS CITRINA.

---

*La Metrosidere ou l'arbre blanc, à feuilles rudes. —
Der scharfblättrige Weissbaum. — Harshleaved
Metrosideros.*

On a donné le nom d'arbre blanc à un genre particulier des Myrtes, qui se trouve dans l'Inde, et qui comprend plusieurs espèces distinguées par la couleur blanche de leurs tiges, p. e. l'espèce précédente, le Cajeput, et différentes autres. L'espèce présente nous est venue de la Nouvelle Hollande, où elle est originaire; elle diffère beaucoup par sa structure de l'espece précedente, et c'est à cause de cette dissemblance, que beaucoup de Botanistes divisent le genre des arbres blancs en plusieurs espèces (Metrosideros, Fabricia, Leptospermum, Melaleuca.).

Dans l'espèce représentée ci-jointe les étamines sont agrandies aux dépens des pétales, qui restent petits et tombent très vite, et leurs grands bouquets sont embellis par un coloris rouge des plus magnifiques. On a remarqué la même particularité dans les espèces des Mimoses (N. VI.).

Les boutons des anthères, changeans leur couleur foncée en jaune, lorsqu'ils commencent à s'ourir, sont remarquer plus distinctement la quantité des étamines.

Le feuilles de cette plante sont roides, et très rudes au toucher. Leurs veines saillantes leur donnent l'air d'être sechées. Etant frotées elles exhalent une odeur semblable à celle des Myrtes.

Cet arbrisseau ne fleurit communément, qu'après avoir atteint l'age de cinq à six ans.

Amaryllis vittata

LIV.
AMARYLLIS VITTATA.

Die purpurstreifige Amaryllis. — Superb Amaryllis.

Unter mancherley äussern Bildungen, die man zerstreut bey verschiednen Gattungen der Lilien antrifft, zeichnen sich auch die, wo wenige grosse Blumen auf einem dicken Stengel befestigt sind, vorzüglich aus. Die blätterlose Nacktheit der Lilien erscheint wegen des vollsaftigen Stengels mehr, als bey andern, die Blattschuppen unter den Blumen sind klein, und vertrocknet. Man sieht mehr Schuppen, als Blumen, allein es pflegen sich nicht alle Blumen vollkommen in jeder Pflanze zu entwickeln (*Fr. Bot. S. 40.*).

Die Schönheit der Blumenblätter, ihre **Purpurstreifen**, scheinen nichts andres zu seyn, als die beyden Faserbüschel, die man an dem Stengel und Wurzelblättern verschiedner Lilienarten bemerkt, und die nur auf dem weissen, am Rande schön gekrausten Blumenblatte, besonders gefärbt sind.

Man sieht an dieser Blume, wenn sie gleich aus sechs Blättern besteht, scheinbar eine einblättrige Krone, so dicht legen sich die Grundstücke der Blumenblätter zusammen.

Vermuthlich stammt die schöne Lilie vom Cap. Sie liefert eher Saamen, als neue Wurzeltriebe, zu ihrer Fortpflanzung.

LIV.
AMARYLLIS VITTATA.

L'Amaryllis à rayes pourprées. — *Die purpurstreifige Amaryllis.* — *Superb Amaryllis.*

Parmi les différentes structures, qu'on trouve dans plusieurs espèces des Lis, on doit principalement remarques les espèces, où des grandes fleurs en petit nombre se trouvent sur une tige épaisse. Dans les Lis on peut appercevoir plus aisément la nudité provenante du défaut de feuilles, que dans d'autres plantes, parceque leurs tiges sont plus succulentes, et que même les écailles des feuilles, placées au déssous des fleurs, sont petites et sèches. On y voit plus d'écailles que de fleurs, mais les fleurs ne parviennent pas toutes à un état parfait de developpement (*Fr. Bot. p.* 40.).

Les rayes pourprées, qui constituent principalement la beauté des pétales, ne paroissent être autre chose que les deux bouquets de filaments, qu'on remarque aux feuilles radicales et à celles de la tige de plusieurs autres espèces de Lis, et qui ne différent ici de leur forme ordinaire, que par une teinture, dont ils embellissent la pétale blanche, élegamment frisée au bord.

La fleur consiste en six pétales, mais sa couronne a cependant l'air de n'être qu'une seule pétale, lar les fonds de ces pétales sont extrèmement serrés les uns près des autres.

Il est probable, que cette belle espèce de Lis tire son origine du Cap. Pour la propager on en retire plutôt de la semence, que des nouveaux jets de racine.

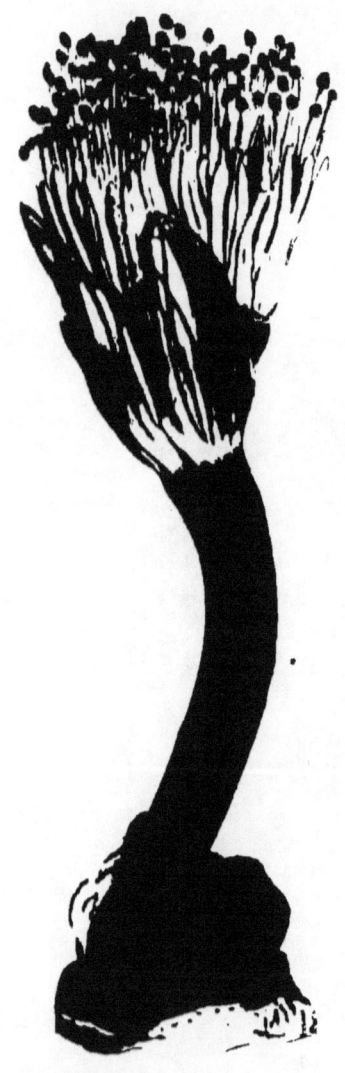

Haemanthus albiflos.

LV.
HAEMANTHUS ALBIFLOS.

Die weissblühende Blutblume. — White-flower'd Haemanthus.

Im äussern Anstande läfst sich diefes Liliengewächs mit dem vorigen vergleichen, da es eben fo dickstenglich und gedrängt erscheint; ins besondre aber wird man durch den Blumenbusch und seine blattartige Einfassung an die Lauch-Arten erinnert. Wie bey diesen bildet sich hier gleichsam eine aus vielen Lilien-Blümchen zusammengesetzte Blume in einem gemeinschaftlichen Kelch (*Fr. Bot. S.* 48.).

Aber auch diese Aehnlichkeit bezieht sich nur auf den äussern Schein, der so wie bey andern Formen (N. XIX. XX.) für den innern Zusammenhang nicht entscheidet. Die Aloe-Arten, besonders die grosse selten blühende stachliche Garten-Aloe, gehören zur nächsten Verwandschaft dieses Gewächses. Wer eine solche grosse Aloe blühen sah, wird sich hier an die auf dem Fruchtknoten sitzende enggeschlossene Blume derselben, und ihre langen Staubfäden erinnern.

Nicht alle Verwandte der Aloe-Arten haben fleischige Blätter. Die Gattung der Blutblume zeigt sie zum Theil, wie hier; in andern Arten aber kommen breite und gewöhnliche Lilienblätter vor.

Andre Arten haben rothe Blumen und blutfleckige Stengel, daher sie ihren Namen erhielten. Die Blutblumen wachsen in Africa, besonders am Cap, und werden in warmen Häusern gehalten.

LV.

HAEMANTHUS ALBIFLOS.

Le Hémante à fleurs blanches. — Die weifsblühende Blutblume. — White-flowerd Haemanthus.

Pour la structure extérieure cette espèce de Lis peut être comparée avec la précédente, car elle a des tiges également épaisses et compactes; mais son bouquet de fleurs bordé en forme de feuilles rappelle principalement dans l'idée les espèces de porreau. Il s'y forme comme dans ces dernieres une fleur composée de beaucoup de petites fleurs de lis, qui sont toutes contenues dans un calice commun (Fr. Bot. p 48.)

Cette ressemblance apparente ne se trouve cependant que dans la structure extérieure, et celle-ci ne peu decider ici, aussi peu que dans d'autres formes (N. XIX. XX.) sur la relation interieure. Les espèces de aloès, et surtout la grande à feuilles piquantes, qui fleurit rarement, doivent être comptées pour les plus proches parents de la plante présente. Qui a jamais vû fleurir un pareil Aloès grand, se souviendra à cette occasion que sa fleur étroitement serrée est posée sur le germe, et que ses étamines sont très longues.

Les parents des espèces d'Aloès ne sont pas tous pourvûs de feuilles charnues. Dans le genre de l'Hémante il y a plusieurs espèces où on les trouve, p. e. dans la présente; d'autres espèces au contraire ont des feuilles de Lis ordinaires et larges.

Parmi ces différentes espèces il s'en trouve plusieurs, dont les fleurs sont rouges, et les tiges marquetees à taches de sang. Tout le genre des Hémantes est originaire dans l'Afrique, et croit surtout abondamment au Cap. Chez nous il faut les conserver dans des serres chauds.

Helleborus niger.

LVI.
HELLEBORVS NIGER.

Schwarze Nieswurz, weiſse Chriſtblume. — *Black Hellebore, or Chriſtmas Roſe.*

Daſs die haarigen Bedeckungen der Gewächſe nicht, wie bey den Thieren, zur Erwärmung beſtimmt ſind, davon iſt die ſchwarze Nieswurz ein deutlicher Beweis. Sie iſt ganz nackt und fleiſchig, und gleichwohl die einzige Pflanze, die im freyen Lande um die Zeit der kürzeſten Tage, oder doch nicht lange nachher, ihre Blüthe entwickelt. Später pflegen erſt die Schneetropfen, die Schneeglöckchen, die Winternieswurz, hervorzukommen, ſo ſehr ſie auch alle übrige zurücklaſſen.

Bey aller Einfachheit und Steifheit iſt die Pflanze doch auch einigermaſsen ſchön, und ſie empfiehlt ſich nicht blos durch die Sonderbarkeit ihrer Erſcheinung. Blätter und Blumen ſind anfangs eingebogen, die Blumen bleiben in einer ſchiefen Stellung geöffnet. An mehrern Theilen iſt ein angenehmes Roth mit eingemiſcht.

Die Familie der vielſchootigen Gewächſe (*Fr. Bot S.* 155.) giebt ſich in den vielen Stempeln und gelben Staubgefäſsen zu erkennen. Rund um dieſe letztern ſteht noch ein Kreis von grünlichen Füllhörnern, die wahre Honigbehälter ſind (*Fr. Bot. S.* 57.).

Die Pflanze wächſt auf höhern Gebirgen, beſonders im ſüdlichen Europa. Sie iſt als Arzneymittel, wozu ihre ſchwarzen Wurzeln (zum Unterſchied von der weiſsen Nieswurz) gebraucht werden, aus alten Zeiten berühmt. Sie kommt im freyen Lande gewöhnlich ohne Umſtände fort.

LVI.

HELLEBORVS NIGER.

L' Ellébore noir. — *Schwarze Nieswurz, weiſſe Chriſtblume.* — *Black Hellebore, or Chriſtmas Roſe.*

L'Ellébore noir nous donne la preuve convainquante, que les poils, dont les plantes ſont ordinairement couvertes, ne ſont pas deſtinés, comme ceux des animaux, à les garantis contre le froid. Quoique charnue et entièrement dégarnie de poils, cette plante eſt cependant la ſeule qui épanouit les fleurs dans l'air libre vers le Solſtice d'hiver, ou au moins peu après. Les perce-neiges et l'Ellébore d'hiver ne pouſſent ordinairement que plus tard, quoique elles dévancent toutes les autres plantes.

Malgré ſa grande ſimplicité et ſa roideur ce n'eſt cependant pas la bizarrerie ſeule de la fleuraiſon, qui rend cette plante remarquable; elle ſe recommande auſſi par un genre particulier de beauté. Les feuilles et les fleurs ſont au commencement courbées et les dernières étant épanouies ſe tiennent dans une direction oblique. Pluſieurs de ſes parties ſont colorées d'un rouge fort agréable.

La quantité de ſes piſtils et ſes étamines jaunes ne laiſſent pas méconnoitre la famille des plantes à beaucoup de ſiliques, ou Renonculacées (*Fr. Bot. pag.* 155.). Les étamines ſont encore entourées d'un cercle de petites loges verdâtres, qui ſont des veritables Nectaires (*Fr. Bot. pag.* 57.).

Cette plante croit ſur des Montagnes élevées et principalement dans l'Europe méridionale. Les anciens ont deja connu ſes racines noires (qui la diſtinguent de l'Ellébore blanc) comme une drogue très ſalutaire dans la médecine. Elle proſpère ordinairement ſans difficulté dans l'air libre.

Helleborus lividus

LVII.
HELLEBORVS LIVIDVS.

Röthliche Nieswurz. — *Livid or purple Hellebore.*

Nackter Anstand, Blumenbildung, selbst das Hauptmuster der Blätter, zeigt die nahe Aehnlichkeit dieser Pflanze mit der vorhergehenden. Aber die Blätter sind einfacher, die Nebenblätter sind gröfser, der Stengel ist schlanker, und, nebst der Blume, mehr geröthet.

Die Röthe ist indefs nicht lebhaft und rein, sie fällt in ein grauliches Grün, und die Krone wird über dem auffallend dem Stengel ähnlich. Es scheint dieses der anfangende Rückschritt der Krone zur Natur des Kelches zu seyn, der in andern Arten dieser Gattung (H. foetidus, viridis) so vollkommen geschieht, dafs man an der Stelle der Krone blos einen grünen, ledrigen Kelch erblickt. Nur wenige von den Pflanzen, die zur Familie vielschootiger Gewächse gehören, besitzen noch einen Kelch, wie die Paeonien, die Ranunkeln, und Ackerröschen; die meisten haben blos Blumenkronen, die mehr oder weniger die Spuren des mit ihnen verwachsnen Kelches bemerken lassen. Die Zacken an den Blumenblättern und Stengelblättern unsrer Pflanze erinnern an die Verwandschaft von beyden (No. XXXVI.).

Das Vaterland der röthlichen Nieswurz ist nicht bekannt. Sie ist zärter, als die vorige, bleibt sicherer im Gewächshause, blüht im Februar, und wird eher durch die Wurzeln, als die selten reifenden Saamen vermehrt.

LVII.

HELLEBORVS LIVIDVS.

L'Ellébore rouge. — Röthliche Nieswurz. — Livid or purple Hellebore.

Cette plante reſſemble beaucoup à la précédente, tant par ſon défaut de poils, et la ſtructure de ſes fleurs, que par la forme principale des feuilles. Les dernieres cependant ſont plus ſimples, les bractées plus grandes, la tige plus effilée et, de même que la fleur, plus fortement colorée en rouge.

Cette teinture rouge n'eſt cependant ni vive ni pure, elle tire ſur un verd griſâtre, et la couleur de ſa couronne reſſemble beaucoup à celle de la tige. Cette reſſemblance paroit être le premier commencement du paſſage de la couronne dans la nature du calice; on le voit ſi parfaitement achevé dans d'autres eſpèces de ce genre (H. foetidus, viridis), qu'au lieu de la couronne il ne ſe trouve plus qu'un calice verd et coriace. Parmi les plantes qui appartiennent à la famille des plantes renonculacées il n'-y-a que fort peu qui ſoient encore douées d'un calice, comme les Paeonies, les Rénoncules etc. La plupart n'ont que des couronnes de fleurs, aux quelles on apperçoit plus ou moins diſtinctement les traces du calice qui s'eſt joint avec elles en croiſſant. Les dents des pétales et des feuilles de la tige de la plante préſente démontrent encore plus la parenté, qui exiſte entre les deux organes (No. XXXVI.)

La patrie de l'Ellébore rouge n'eſt pas connue, il eſt plus délicat que l'éſpèce précédente, et à cauſe de cela on fait mieux de le conſerver dans une ſerre. Il fleurit dans le mois de février, et ſe propage plus aiſément par ſes racines, que par la ſemence, qui parvient rarement à la maturité.

Trollius asiaticus.

LVIII.
TROLLIVS ASIATICVS.

Afiatifche Engelblume. — Afiatic Globe-Flower.

Stempel und Staubgefäße weichen in dieser Blume wenig von denen in der vorhergehenden ab, die Pflanze würde eine Art von Nieswurz vorstellen, wenn die Honigbehälter nicht blattförmig und geschlossen, und die Blumenblätter nicht gefüllt wären.

Diese Füllung ist rosenartig, und nimmt, da sich die Blumenblätter muschelartig übereinander wölben, an der Schönheit der Centifolie Theil. Sie wird in dieser Art nur noch durch die ebenfalls übereinander gewölbten und brennenden Blättchen, die an der Stelle der Honigbehälter stehen, verdoppelt.

Wir sehen hier zwey merkwürdige Begebenheiten auf ein Mal; Eine von Natur halbgefüllte Blume, und die nahe Verwandschaft der Honigbehälter zu den Staubfäden sowohl, an die sie sich anschmiegen, als zu den Blumenblättern, deren Gestalt sie annehmen. Im Schwarzkümmel sieht man deutlich, wie Staubgefäße zu Honigbehältern, und diese zu Blumenblättern verändert werden.

Diese Art, welche schöner als die gemeinere nordeuropäische ausfällt, wird in Westasien und Sibirien, auch wohl hie und da in Südeuropa gefunden, liebt eine feuchte nördliche Lage, und wird durch Wurzeln sowohl, als durch Saamen, vermehrt.

LVIII.
TROLLIVS ASIATICVS.

*Faux-Hellebore de l'Asie. — Asiatische Engelblume.
Asiatic Globe-Flower.*

Les pistils et les étamines de cette fleur ne diffèrent guères de ceux de la précedente, et la plante pourroit passer pour une espèce d'Ellebore, si les Nectaires n'étoient pas fermés, et en forme de feuilles, et que les pétales ne fussent pas doubles.

Par cette multiplicité des petales elle approche du genre des Roses, et comme ces pétales se joignent, les unes sur les autres en forme de coquilles, la beauté de la fleur ressemble à celle de la Rose à cent feuilles. Dans l'éspèce présente cette multiplicité est encore augmentée par les petites feuilles, qui, remplaçant les nectaires, sont également jointes les unes sur les autres, et vivement colorées.

On apperçoit ici à la fois deux choses fort remarquables, savoir une fleur moiteé double par sa nature, et ensuite la rélation intime des Nectaires avec les étamines, contre les quelles ils s'appuyent, et avec les pétales, dont ils prennent la forme. Dans la Nielle on peut voir distinctement, comment les étamines se changent en Nectaires, et ces derniers en pétales.

Cette espèce de Faux-Hellebore est plus jolie, que commune de l'Europe septentrionale; on la trouve dans l'Asie occidentale et dans la Sibérie, quelques fois aussi, mais tres rarement, dans l'Europe méridionale. Elle aime un terrain humide et situé vers le Nord; sa propagation se fait dans par les racines, que par la semence.

LIX.
AQVILEGIA CANADENSIS.

Amerikanifche Ackeley. — *Canadian Columbine.*

Die vielen Staubfäden, und die fchottenartig auseinander gebreiteten Früchte anf Einem Blumenftiele, zeigen, bey aller höchftauffallenden Verfchiedenheit in der Krone, die Uebereinftimmung mit den vorigen.

So, wie die Engelblume eine in der Natur beftändig vorkommende Ausartung der Nieswurzbildung ift, fo kann man die Ackeley für nichts halten, als für eine gleichfalls beftändige Ausartung des bekannten Ritterfporns. Die Veilchen und das Löwenmaul erläutern diefes vollkommen. Beyde unregelmäfsige einfpornige Blumen können vorübergehend fich in fünffpornige und regelmäffige verwandeln. Die nämliche Pflanze kann ihre vorige Natur wieder annehmen. Das Verhältnifs zwifchen Ackeley und Ritterfporn ift daffelbe, aber es ift nie erft vor unfern Augen entftanden, fondern an eigne Arten gebunden.

Die Blume hängt herab, die Frucht fteigt empor (No. XL.); die drüfige Stelle, welche Honigfaft in den Spornen abfchneidet, hat eine ausgezeichnete Farbe. Das Gewächs ift ausdauernd, und im Frühjahr eine wahre Zierde der Gärten.

LIX.
AQVILEGIA CANADENSIS.

*La Colombine d'Amérique. — Amerikanische Ackeley.
Canadian Columbine.*

Malgré la différence frappante dans les couronnes, on remarque pourtant quelque reſſemblance entre la fleur préſente et celle que l'a précédé. Elles ont toutes les deux la même quantité des etamines, ainſi que la même ſituation des fruits qui divergent, ſont en forme de gouſſes, et poſés ſur une même tige de fleur.

Comme Faux-Hellebore eſt une dégénération de l'Ellebore produite par la Nature, de même la Colombine ne peut être inviſagée, que comme une dégénération perpétuelle de la Conſoude. Les Violettes et les Mufliieurs nous font comprendre cela plus clairement. Les deux fleurs irrégulieres, et à un ſeul éperon, peuvent ſe changer paſſagerement en des fleurs régulieres et à cinq éperons; les mêmes plantes peuvent enſuite réprendre leur ſtructure primitive. Il en eſt de même avec la Colombine et la Conſoude, excepté, que cette dégéneration ne ſ'opére jamais devant nos yeux, et qu'elle eſt toute propre à pluſieurs de leurs eſpèces.

La fleur de cette plante pend en bas, et le fruit ſe tient en haut (No. XL.). La partie ſpongieuſe des èperons dans la quelle ſe prepare le ſuc mielleux, eſt d'une couleur tout a fait particulière. La plante endure notre Clima, et fait au printemps un grand ornement de nos jardins.

Campanula carpatica.

LX.
CAMPANVLA CARPATHICA.

Carpathifche Glockenblume. — Carpatian Bell-Flower.

Dafs diese Blume zu der Familie der Glockenblumen gehöre, ist jedem auf den erften Blick begreiflich; die fchmahlen Staubbeutel, und die am Grunde ausgebreiteten Fäden bezeichnen aber jene Familie noch mehr, als die Glockenform der Krone, wovon fie den Namen erhielt (*Fr. Bot. S.* 166.).

Die Kronenlappen haben vor der Eröffnung der Blume eine befondre Faltung, fie legen fich mit einwärtsgebogenen Rändern aneinander; die Zacken der Kelchblätter find, wie die unterften Zacken der Kirfchblätter, in Saftdrüfen verwandelt, und haben zugleich eine auszeichnende Färbung erhalten.

Auf den Carpathifchen Gebirgen findet fich diefe fchöne ausdauernde Pflanze, deren blaue Blumenfarbe nur fehr unvollkommen dargeftellt werden kann; fie läfst fich durch Wurzeln vermehren, und kann befonders zur Verzierung von Felfenparthien gebraucht werden.

LX.
CAMPANVLA CARPATHICA.

La Campanelle des Carpathes. — *Carpatiſche Glockenblume.* — *Carpatian Bell-Flower.*

Par le premier coup d'oeuil, qu'on jette ſur cette fleur on eſt convaincu qu'elle appartient, à la famille des Campanelles; ſes anthères étroites cependant, et ſes filets élargis au fond, déſignent cette famille bien plus que la ſtructure campaniforme de ſa couronne, dont elle porte le nom (*Fr. Bot. p. 166.*).

Avant l'épanouiſſement de la fleur les lobes de la couronne ſont pliés d'une manière particulière; ils s'appuyent les uns contre les autres, les bords courbés en dedans. Les dents de feuilles du calice ſont changées en glandules de ſuc comme on le voit auſſi aux dents inferieures des feuilles du Ceriſier; elles ſe diſtinguent en mème temps par une couleur particulière.

Cette belle plante, dont la teinture bleue ne peut être repreſentée que très imparfaitement, ſe trouve originairement ſur les monts Carpathes; elle endure nos Climats, ſe propage par les racines, et peut être employée avec avantage pour la décoration des rochers, et d'autres parties ſauvages d'un parc.

Michauxia campanuloides

LXI.
MICHAVXIA CAMPANVLOIDES.

Die Michauxie. — Rough-leav'd Michauxia.

Auch eine wahre Glockenblume. Die Staubfäden bilden ebenfalls mit den breiten Grundstücken eine Kuppel, die schmahlen Staubbeutel sind, nur etwas mehr, als bey andern, schraubenförmig zusammengewunden; der Staub sitzt an feinen Haaren des Griffels, die Kelchlappen breiten sich aus, alles wie an den gewöhnlichsten Arten dieser Familie.

Aber die Aehnlichkeit mit einer Glocke ist durch tiefe Spaltung und Zurückschlagung der Krone aufgehoben, und die fünffache Zahl der Kelchlappen, der Kronenzacken, der Staubgefässe, nebst der dreyfachen der Narben, ist in die achtfache verändert (N. XXXIV. XXXV.).

Man sieht hier ein Beyspiel, wie die Hauptsache, die Mehrheit zusammenstimmender Kennzeichen, bleiben, und doch scheinbar durch Nebenumstände aufgehoben werden kann.

Erst vor zehn Jahren wurde diese im Morgenlande einheimische Pflanze in Europa bekannt. Sie ist zweyjährig, und wird im Gewächshaus gezogen. Man pflanzt sie durch Saamen fort, die aber in England nicht so, wie in Frankreich, zur Reise kamen. Die vollblühende Pflanze erlangt eine Höhe von sechs Fuss.

LXI.
MICHAVXIA CAMPANVLOIDES.

La Michauxie. — Die Michauxie. — Rough-leav'd Michauxia.

Cette fleur est encore une **véritable Campanelle**. Les étamines y forment une coupole avec leur fond élargi, les anthères étroites sont, un peu plus seulement que dans les autres espèces, repliées en forme de vis, la poussière se trouve aux poils fins du style, et les lobes du calice prennent une direction étendue. Dans tout cela elle ressemble aux espèces les plus ordinaires de cette famille; mais cette **ressemblance avec une cloche** est détruite dans la fleur présente, parce qu'elle est profondément fendue, et sa couronne recourbée; aussi le nombre quintuple des lobes du calice, des dents de la couronne, des étamines, de même, que le nombre triple des stigmates, y est changé dans le nombre octuple (N. XXXIV. XXXV.).

Cette fleur nous donne un exemple, comment le **principal**, c'est à dire la ressemblance de la plûpart des caractères, peut rester le même, et cependant être **changé illusoirement par des accessoires**.

Cette plante est originaire dans l'Orient, et il n·y·a que dix ans, qu'elle est connue en Europe. Elle est bisannuelle, et il faut la conserver dans la serre. On la propage par la semence, qui cependant en Angleterre n'est pas encore parvenue aussi parfaitement à sa maturité, qu'en France. La plante est, au milieu de sa fleuraison, d'une hauteur de six pieds.

LXII.
LOBELIA SVRINAMENSIS.

Surinamifche Lobelie. — *Shrubby Lobelia.*

Noch weniger, als die Michauxie, fcheint diefe zu den Glockenblumen zu gehören, wiewohl man in der Farbe der Krone, und in der Stellung des Kelchs, die Aehnlichkeit mit der Michauxie nicht verkennen kann.

Die fünffache Zahl der Blumentheile ift hier vorhanden; aber das Ende der röhrenförmigen Krone beugt fich feitwärts, und wird irregulär. Die Staubgefäße bilden mit den verwachsnen Beuteln eine Röhre, ftehen mit dem Griffel, den fie einfchliefsen, auſſer der Axe, oder der Mittellinie der Krone, und beugen fich von oben herüber. Die Staubbeutelröhre hat eine dunkle Farbe, wie in der folgenden Art, und kann leicht irrig für die Narbe angefehen werden.

Man hält die Surinamifche Lobelie im Treibhaufe, wo fie eine Höhe von einigen Fuſſen erreicht, und etwas ftrauchartig wird; fie fängt im Ianuar und Februar zu blühen an, und fährt damit heynahe im ganzen Sommer fort. Sie wird durch Schnittlinge vermehrt. Seit 1786. kam fie aus Weftindien nach England.

LXII.
LOBELIA SVRINAMENSIS.

La Lobelie de Surinam. — Surinamſche Lobelie. — Shrubby Lobelia.

Cette fleur paroit encore moins, que la Michauxie, faire partie de la famille des campanelles, quoique dans la couleur de ſa couronne, et dans la direction de ſon calice on ne puiſſe pas méconnoitre ſa reſſemblance avec la Michauxie.

On y trouve le nombre quintuple des partiees de la fleur, mais le bout de la couronne, formée en tuyau, ſ'incline de coté, et devient irregulier; les anthères ſont jointes enſemble en croiſſant, et forment un tuyau; ils ſe trouvent avec le ſtyle, qu'ils entourent, hors du centre de la couronne, et leur partie ſupérieure ſe recourbe en bas. Ce tuyau des Anthères eſt d'une couleur foncée, comme dans l'éſpèce ſuivante, et on peut aiſément ſe tromper en le prenant pour le ſtigmate.

La Lobelie de Surinam doit etre conſervée dans le ſerres chaudes, où elle atteint une hauteur de pluſieurs pieds, et reſſemble à un buiſſon. Dans le mois de Janvier et de février elle commence à fleurir et en continue presque pendant tout l'éte. On la propage par des boutures. En 1786. elle fut transportée des Indes occidentales en Angleterre.

LXIII.
LOBELIA CARDINALIS.

Cardinalsblume. — *Scarlet Lobelia, or Cardinals-Flower.*

Hier ift die Abänderung der regulären Glockenblume in die unregelmäſsige noch weiter fortgesetzt. Die Krone fpaltet fich auf der obern Seite, die zwey dafelbſt ſtehenden fchmahlen Lappen legen fich feitwärts, und die fächerförmige Unterlippe iſt es hauptſächlich, was bey der Blume zuerſt in die Augen fällt. An andern Arten unregelmäſsiger Blumen gefchieht etwas ähnliches, aber nach oben zu (N. XLI.).

Das brennende Roth, welches fich auch der Staubfädenröhre mitgetheilt hat, machte, daſs man diefe und mehrere andre Blumen, fo wie verfchiedne rothgefärbte Vögel, mit dem Purpur der Cardinalswürde verglich.

Schon beynahe feit zweyhundert Iahren iſt diefe Pracht-Pflanze, die im wärmern Theil des nördlichen Amerika einheimifch ift, in Europa bekannt geworden. Sie ift ein ausdaurendes Kraut, ihre Blumenähre wird oft einen, der ganze Stengel drey bis vier Fufs hoch; in unfchicklichen Böden geht fie leicht aus, in einem lehmigen, feuchten und fchattigen Lande kommt fie gut fort, und giebt Saamen, durch die man fie vermehren kann, wie auch durch Wurzeln, und Schnittlinge. Sie blüht vom Iulius bis zum October. Im Winter bedeckt man fie etwas.

LXIII.
LOBELIA CARDINALIS.

La Cardinale. — *Cardinalsblume.* — *Scarlet Lobelia, or Cardinal's-Flower.*

Dans cette fleur le changement de la Campanelle reguliére dans l'irreguliére eſt encore pouſſé plus loin. La couronne y eſt fendue du coté ſupérieure, les deux lobes étroits, qui ſ'y trouvent, ſ'inclinent de coté, et la lèvre inférieure, qui eſt en forme d'évantail, eſt la partie de cette fleur, qui ſe fait remarquer la premiére. Dans d'autres eſpéces des fleurs irreguliéres il ſe trouve quelque choſe de ſemblable, mais dans la direction en haut (N. XLI.).

A cauſe du rouge très brillant, dont cette fleur eſt colorée, et qui ſ'eſt auſſi communiqué au tuyau des étamines, on la comparoit, ainſi que pluſieurs autres fleurs, et même pluſieurs oiſeaux de la même couleur, avec le pourpre du Cardinalat.

Cette plante magnifique eſt originaire dans la partie temperée de l'Amérique ſeptentrionale; il-y-a presque deux ſiècles, qu'elle eſt connue en Europe. Elle endure nos Climats; L'épi de la fleur atteint ſouvent la hauteur d'un pied, et la tige entiere celle de trois à quatre pieds. Si elle eſt plantée dans un terrain, qui ne lui convient pas, elle perit aiſement, mais elle proſpère dans un terrain d'argille, humide, et ombrageux. On peut la propager par la Semence auſſi bien, que par des racines et des boutures. Elle fleurit depuis le mois de Iuillet jusqu'à l'Octobre. Dans l'hiverl il faut la couvrir legèrement.

LXIV.
RVDBECKIA PVRPVREA

Die rothe Rudbeckie. — Purple Rudbeckia.

Die gewöhnliche Farbe zusammengesetzter Blumen (*Fr. Bot. S.* 45.) ist die gelbe, selten zeigen sie sich blau, wie z. B. die Astern, und noch seltner mit einer Rosen- oder Purpurröthe, wie diese. Der hohe, mächtige Anstand des Gewächses, die grofsen, schmahlen, türkenbundartig zurückgebognen Strahlenbänder vereinigen sich mit jener ausgezeichneten Färbung. Nicht mit Unrecht hat man der Blüthe auch den Namen der rothen Sonnenblume gegeben.

Das Verhältnifs der Blümchen untereinander ist wegen der Gröfse sehr wohl zu erkennen. Blos die Zwitterblümchen, auf der Scheibe oder Mitte des Ganzen, sind fruchtbar; sie sind röhrenförmig, und zeigen, aufser der dunkeln Röhre der Staubfäden, noch eine gespaltne Narbe. Die schönen Strahlenblumen, deren Strahl durch Verzehrung der Staubgefäfse entstand (*Fr. Bot. S.* 48. 74.), haben keine Narbe, und bringen keine Frucht (*Fr. Bot. S.* 146.).

Die Menge von Spitzchen, welche die Mitte der Blume bedecken, und zwischen den Zwitterblüthen stehen, sind Spreublättchen, oder Blättchen wie die, welche zunächst am Strahle den gemeinschaftlichen Kelch bilden; sie haben aber zwischen den Blüthen ihre Gestalt und Farbe gänzlich verändert. Etwas Steifes und Glattes findet man in allen Theilen dieser Pflanze, man kann aber nicht sagen, dafs sie dadurch entstellt würde.

Sie stammt aus den wärmern Gegenden von Carolina und Virginien, läfst sich bey uns durch Wurzeln, ehe als durch Saamen, vermehren, dauert im Freyen, wird aber doch zu besrer Sicherheit im Winter geschützt.

LXIV.

RVDBECKIA PVRPVREA.

Rydbecka pourprée. — *Die rothe Rudbeckie.* — *Purple Rudbeckia.*

Les fleurs composées sont pour l'ordinaire de couleur jaune (*Fr. Bot. pag.* 45.), il n'y en a que fort peu qui soient bleues, comme p. e. les Asters, et celles de couleur de rose ou de pourpre, comme la présente, sont de la plus grande rareté. Cette teinture distinguée est encore relevée par la structure haute et vigoureuse de la plante, et par les petales de la couronne qui sont longues, étroites, et recourbées en forme de turban. Ce n'est pas à tort, qu'on a donné aussi à la fleur le nom tournesol rouge.

Les fleurons étant d'une grandeur considérable, il est très aisé de reconnoître leur rélation reciproque. Les petit's fleurons, placés sur le rond du milieu, sont les seuls fructifians; ils forment des petits tuyaux de couleur foncée, et outre les tuyaux des étamines on y remarque encore un stigmate fendu. Les jolis fleurons du rayon au contraire proviennent de la consomption des étamines (*Fr. Bot.* p. 48. 74.), n'ont point de stigmate, et ne portent point de fruits (*Fr. Bot.* p. 146.).

Les petites pointes qui couvrent en abondance tout le milieu de la fleur, et qui entourent de tous les cotés les petit's fleurons, sont des feuillettes de balle, comme celles, qui proche du rayon forment le calice commun; mais placées entre les fleurons ils ont entièrement changé leur forme et leur couleur.

Dans toutes les parties de cette plante il y a quelque chose de roide, mais on ne peut pas dire, qu'elle en soit defigurée.

Elle tire son origine de la partie méridionale de la Caroline et de la Virginie. On la multiplie chez nous plus aisément par des racines, que par des graines; elle endure l'air libre, mais pour plus grande sureté il vaut pourtant mieux la mettre à l'abri pendant l'hiver.

Zinnia multiflora.

LXV.
ZINNIA MVLTIFLORA.

Die vielblumige Zinnie. — *Many-flowered Zinnia.*

Man kennt zwey Abänderungen dieser Blume, eine gelbe, und die hier abgebildete rothe. Das Roth ist hier bey weitem nicht, wie in der Rudbeckie, es ist bräunlich, und zeigt dadurch seine Verwandschaft zur gelben Farbe, mit welcher es in dieser Art wechselt. Gleichwohl giebt es wirklich eine andre Art in dieser Gattung, welche rosenfarbne Blüthen besitzt.

Nicht die Farbe allein ist bey unsrer Blume merkwürdig; die Gestalt des Ganzen, ja selbst die Substanz der Strahlen, ist es noch mehr.

An den kleinen Schaafgarbenblumen sind zwar die Strahlen eben so breit und kurz, wie hier, aber sie fallen bey jenen kleinen Blüthchen viel weniger in die Augen, und hier vermehrt noch der spitzige Kegel in der Blumenmitte, und der nach oben verdickte Blumenstiel, das Fremde dieser Bildung.

Die Strahlen sind überdem auf eine seltne Art unverwelklich, fast trocken, wie Papier. Doch würde man sich irren, wenn man sie mit der Papierblume vergleichen wollte, wo die papierartigen Strahlen keine Blumen, sondern Kelchblätter sind. Die Strahlen der Zinnie sind eben so fruchtbar, wie die innern Blümchen (*Fr. Bot. S.* 145. 146.).

Die Arten dieser Gattung, deren Namen Linné zu Ehren des Professor Zinn zu Göttingen bestimmte, sind in Peru einheimisch, und längst eine bekannte Herbst-Zierde europäischer Gärten, so, wie die folgende Blume.

LXV.
ZINNIA MVLTIFLORA.

La Zinnée à beaucoup de fleurs. — Vielblumige Zinnie. — Many flowered Zinnia.

De cette fleur on connoit deux variétés, dont une est jaune et l'autre rouge, telle qu'on la voit représentée sur le tableau ci joint. Le Rouge de cette fleur diffère beaucoup de celui de la Rydbecke, il tire sur le brun et nous indique par là sa relation avec la couleur jaune, qui alterne dans cette espèce avec la rouge.

Il y a cependant encore une autre espèce dans ce genre dont les fleurs sont de couleur de rose.

Ce n'est pas la couleur seule qui rend cette fleur-ci remarquable; toute sa structure et même la substance des rayons y contribuent bien plus encore.

Dans les fleurs de la petite mille-feuille les rayons ne sont pas moins larges et courts que dans l'espèce présente, mais comme elles sont beaucoup plus petits, ses rayons donnent moins dans la vue; aussi dans la plante présente l'air extraordinaire de la structure devient encore plus sensible par la forme conique du milieu, et par la tige qui augmente de grosseur vers sa partie supérieure.

Outre cela les rayons sont presque sècs comme du papier, et (ce qu'on ne trouve que rarement) ils ne se fanent jamais. On se tromperoit cependant, si on vouloit la comparer avec le Xeranthème, car dans cette derniere les rayons semblables au papier ne sont pas des feuilles de la fleur, mais bien du calice.

Les rayons de la Zinnée sont aussi fructifians que les fleurons du milieu (*Fr. Bot.* p. 145. 146.).

Toutes les espèces de ce genre de plantes, auquel Linné a donné le nom en l'honneur du professeur Zinn à Goettingue, sont indigènes en Perqu, et il y a longtems, qu'on les connoit en Europe aussi bien que la fleur suivante, comme une parure des jardins, qui fleurit dans l'automne.

Tagetes patula

LXVI.
TAGETES PATVLA.

Die kleine Sammtblume. — Spreeding Tagetes, or French Marigold.

Im Allgemeinen ist die Verwandschaft des Blumenbaues mit dem in der Zinnie unverkennbar, aber die Gattung der Sammtblumen hat keine Spreublättchen, keinen schuppigen Kelch, und keine papierartigen Strahlen. Es ist hier vielmehr alles weich und mild, was an jener steif und trocken war.

Die Sammtblumen sind aber nicht weniger schöne Zierpflanzen. Man kann sie im April in eine warme Lage aufs Land säen, oder, um sie früher zur Blüthe zu bringen, erst im Mistbeete aufziehen, und denn in Töpfe oder ins Land verpflanzen. Der Saame dieser Sommergewächse geht selten auf, wenn er zwey Jahre alt ist.

An vielfachen Abänderungen ist die Sammtblume reich. Sie sind theils gelb, theils, wie die hier abgebildete, mit gelbrothen Streifen gemischt.

Die Blätter der Pflanze haben, wie verschiedne andre, das Eigne, daſs sie, gegen das Licht gehalten, wie durchstochen aussehen. So schön die Blumen sind, so haben sie doch mehr oder weniger einen unangenehmen Geruch; man hat sie daher auch Todtenblumen genennt, und sie sind wegen einer giftigen Beschaffenheit, die jedoch bey der gewöhnlichen Behandlung nicht zu fürchten ist, in Verdacht.

Die kleine Sammtblume wächst, wie die andern Arten dieser Gattung, in Amerika, besonders in Mexico; sie scheint aber doch zuerst zu Carls des Fünften Zeit aus Tunis nach Europa gekommen zu seyn, und die Gärtner nennen sie noch: *Flos africanus*.

LXVI.
TAGETES PATVLA.

Le petit Oeillet - d'Inde. — Die kleine Sammtblume. — Spreeding Tagetes, or French Marigold.

Quant aux caractères généraux on ne peut pas méconnoitre la reſſemblance qui exiſte entre la ſtructure de cette fleur et celle de la Zinnée, mais l'oeillet d'Inde n'a ni des feuilles de balle comme la dernière, ni le calice écailleux, ni les fleurs du rayon ſemblables au papier. Tout y eſt au contraire deux et moëlleux, ce que dans la Zinnée étoit roide et ſec.

On cultive les oeillets d'Inde dans les jardins à cauſe de la beauté de leurs fleurs. Dans le mois d'Avril on en ſeme la graine dans des champs garantis contre la rigueur des vents, ou pour les faire fleurir plutôt on les cultive d'abord dans des couches temperées, et les transplante enſuite dans des pots ou dans les champs. Les graines de cette plante d'été doivent être ſemées dans la première année, car dans la ſeconde il eſt rare de les voir encore germer.

On diſtingue un grand nombre de variétés de l'oeillet d'Inde. Il y en a dont les fleurs font de couleur jaune, d'autres, comme p. e. celle qui eſt repréſentée ſur la feuille ci-jointe, ſont colorées de raies orangées et rouges.

Les feuilles de la plante ont cette particularité de commun avec pluſieurs autres plantes, que tenues contre la lumière elles paroiſſent tiquetées de points transparens, comme ſi elles étoient percées. Les fleurs ont, malgré leur beauté une odeur plus ou moins deſagréable, qui leur a attiré auſſi le nom de fleurs de mort. On leur ſoupçonne une qualité vénéneuſe, ſur la quelle cependant on n'eſt pas d'accord, et qui, en maintenant la plante de la manière uſitée, n'eſt abſolument pas à craindre.

Le petit Oeillet d'Inde croît dans l'Amérique, et principalement dans le Mexique, comme toutes les autres eſpèces de ce genre; mais il paroit cependant, que du tems de Charles Quint il ait été transporté de Tunis en Europe, et les jardiniers l'appellent encore aujourd'hui Flos africanus.

Centaurea montana

LXVII.

CENTAVREA MONTANA.

Die Alpen-Flockblume. — *Greater Blue Bottle.*

Das Verhältnifs der Blümchen untereinander ist wie bey den Rudbeckien (N. LXIV.). Die unfruchtbaren Randblumen find zwar ebenfalls vergröfsert, aber gleichsam im Uebergange zur eigentlichen Strahlbildung, noch röhrenförmig, deutlich fünfzackig, wie die innern Blümchen, und noch nicht völlig gespalten, um als ausgebreitete Bänder zu erscheinen.

So wenig man etwas diftelartiges an diefer Pflanze bemerkt, so gehört fie doch in diese Familie (*Fr. Bot. S.* 167.). Die fchiefe Richtung der innern Krönchen, und ihrer Staubfadenröhren erinnert hier allein an die Kennzeichen jener Verwandfchaft, die zu fein find, um gänzlich hier erkennbar zu feyn.

Der weifse Blumenstaub an den Enden der fchwärzlichen Röhren zeigt eine Eigenfchaft, die mehrern Diftelarten gemein ift. Der Staub drängt fich nämlich in Menge hervor, und um fo mehr, wenn die Spitzen der Röhren ftark berührt werden. Es fcheint diefes mehr von einer Schnellkraft, als einer Reizbarkeit abzuhängen.

Eine Verfchönerung diefer Blume beruht auf einer papierartigen Verwelkung, oder einem Abfterben. Die fchwarzen Ränder der Kelchfchuppen find eben fo an der lebendigen Pflanze abgeftorben, als die Blumenfcheide und der fchöne rothe Kreis an der weifsen Narciffe.

Man findet die hier abgebildete Flockblume, oder grofse Kornblume, auf den Alpen Deutfchlands und der Schweitz. Sie dauert im Freyen aus.

LXVII.
CENTAVREA MONTANA.

La Jacée des Alpes. — *Die Alpen Flockblume.* — *Greater Blue Bottle.*

La rélation réciproque des fleurons de cette plante est la même que dans les Rydbeckes (N. LXIV.). Les fleurons stériles du bord sont également plus grands, mais malgré cela ils ne sont, pour ainsi dire, que le passage à la structure véritable du rayon; il leur reste encore la forme de tuyaux, on y voit cinq pointes très marquées comme les fleurons du milieu, et comme ils ne sont pas parfaitement fendus, ils ne peuvent pas être regardés comme des feuilles de rayons ordinaires.

Quoique au premier coup d'oeil on ne puisse pas remarquer de la ressemblance entre cette plante et les chardons, elle est cependant de la même famille (*Fr. Bot. p.* 167.). Il n'y a que la direction oblique des fleurons du milieu, et de leurs tuyaux d'étamines, qui nous indique l'éxistence de cette parenté; tous les autres caractères sont trop fins ici pour être reconnus.

La poussière prolifique, qui est de couleur blanche, et placée au bout des tuyaux noirâtres, montre cette particularité propre à plusieurs espèces de chardons, qu'elle sort en abondance, et d'autant plus, quand les bouts des tuyaux sont fortement touchés. Il semble que cela provient plutôt d'une certaine élasticité, que d'une irritabilité.

La beauté de cette fleur est rélévée par l'espèce de flétrissure qui rend ses fleurons semblables à du papier. Les bords noirs des écailles du calice se trouvent flétris dans la plante encore vivante, tout, comme on le voit à la gaîne et au beau cercle rouge du Narcisse blanc.

La Jacée représentée sur la table ci-jointe se trouve sur les Alpes de l'Allemagne et de la Suisse. Elle endure l'air libre.

Colutea frutescens.

LXVIII.

COLVTEA FRVTESCENS.

Der Blasenstrauch, die strauchartige Blasensenne. — Scarlet Bladder-Senna.

Eine auffallende Abweichung der Blumen findet in zwey Arten derselben Gattung Statt, in der gegenwärtigen, und im gemeinen, gelbblühenden Blasenbaum, welche beyde von der sonderbaren Frucht ihre Benennung erhielten. Die Blumen des Blasenbaumes sind ausgebreitet, wie die der Erbsen; die vom Blasenstrauch sind langgestreckt, wie an der Futterwicke, und Pferdebohne, und überdem ist das Schiffchen (*Fr. Bot. Fig.* 30. 34.) ungewöhnlich verlängert, die Flügel (*Fr. Bot. Fig.* 29. 53.) sind dagegen fast gänzlich aufgezehrt.

Die aufgeblasne Hülsenfrucht, die eine ganz fremde Gestalt gewonnen hat, und andern Hülsenfrüchten gar nicht zu gleichen scheint, ist auch in beyden Arten verschieden. Beym Blasenbaum ist sie geschlossen, und knackt beym Zerdrücken; hier ist sie während der Reife schon beständig geöffnet, wie die Kapseln an der Resede.

Der schöne Silberglanz der Zweige und der Unterseiten der Blätter erinnert an den Siberbusch oder Jupitersbart (Anthyllis barba Jovis); der eben so gefiederte Blätter hat; das dunkle Grün der Oberseiten, und die Scharlachröthe der Blumen macht damit eine angenehme Verbindung.

Von Aethiopien bis herunter zum Cap scheint dieser Strauch einheimisch zu seyn. Er dauert bey uns, jedoch nicht leicht in freyer Winterkälte, zwey bis drey Jahre, erhält im freyen Lande den Sommer über eine ansehnlichere Gröse, und wird am füglichsten durch Saamen fortgepflanzt.

LXVIII.

COLVTEA FRVTESCENS.

*Le Baguenaudier d'Ethiopie. — Der Blasenstrauch,
die strauchartige Blasensenne. — Scarlet Bladder-Senna.*

On remarque une différence frappante entre la fleur présente et celle du Baguenaudier commun à fleurs jaunes, quoiqu'elles soient toutes les deux des espèces d'un même genre. Les fleurs du Baguenaudier commun sont élargies comme celles des pois; mais les fleurs de la plante présente sont alongees, comme celles de la Vesce et de la féverolle; outre cela la navette (*Fr. Bot. Fig.* 30. 34.) en est extraordinairement longue, les ailes (*Fr. Bot. Fig.* 29. 33.) au contraire sont presque entièrement consumées.

La Gousse enflée est d'une forme tout à fait particulière et ne paroit ressembler en rien à toutes les autres espèces de cosses, elle diffère également dans les deux espèces. Au Baguenaudier commun elle est fermée et craque lorsqu'on l'écrase, ici au contraire elle s'ouvre deja en murissant, comme les capsules du Réseda.

La belle couleur d'argent des branches et du coté inférieure des feuilles rappelle au souvenir la Barbe de Jupiter (Anthyllis barba Jovis), dont les feuilles sont également empennées; le verd obscure du coté supérieur, et la couleur écarlate des fleurs augmente encore le mélange agréable des teintes.

Cet arbrisseau paroit être indigène dans l'Afrique depuis l'Ethiopie jusqu'au Cap de b. e. Chez nous il peut durer deux ou trois ans, mais il ne supporte guères le froid de l'hiver dans l'air libre. Dans les champs il atteint pendant l'été une hauteur considérable, et on le propage avec le plus de succès par la graine.

Indigofera candicans

LXIX.
INDIGOFERA CANDICANS.

Die weißliche Indigopflanze. — *White-leaved Indigo.*

Beynahe daſſelbe Farbenverhältniſs, wie im Blaſenſtrauch, erblicken wir hier an einer Art der durch ihre färbende Eigenſchaft ſo berühmten Gattung, die ſich unter andern Schmetterlingsblüthen und hülſentragenden Gewächſen (*Fr. Bot. S.* 158. durch den Sporn auszeichnet, der an jeder Seite des Schiffchens befindlich, und auch hier auf der Zeichnung an einer Blume deutlich zu ſehen iſt.

Die Blätter ſind aber hier weit einfacher, als beym Blaſenſtrauch. Sie ſind nur dreyfach und kleeartig; an ihrem Grunde ſieht man dieſelben doppelten Afterblätter, eben ſo unbedeutend, wie bey jenem.

Seit 1774. kam dieſe Pflanze vom Cap nach Europa; ſie wird im Gewächshauſe erhalten, blüht vom May bis zur Mitte des Junius, und trägt nur wenige Saamen, durch die ſie aber mit beſſerm Erfolg, als durch Schnittlinge, vermehrt wird.

LXIX.

INDIGOFERA CANDICANS.

Le Porte-Indigo blanchâtre. — *Die weifsliche Indigopflanze.* — *White-leaved Indigo.*

On voit dans cette plante presque la même mélange des teintes, que dans le Baguenaudier. Elle appartient dans le genre des plantes, qui font fameufes par leur utilité dans la teinture. Tout ce genre fe diſtingue des autres fleurs papilionacées et des plantes legumineufes (*Fr. Bot. p.* 158.) par l'éperon, qui fe trouve à chaque coté de la navette, comme on peut le voir diftinctement à une des fleurs reprefentées fur le tableau ci-joint.

Les feuilles de cette plante font cependant plus fimples, que celles du Baguenaudier, elles fe trouvent toujours au nombre triple comme au trèfle; à leur fond on voit deux fauffes feuilles, auffi petites, que celles du Baguenaudier.

En 1774. cette plante fut transportée en Europe du Cap de b. e.; il faut la conferver dans des ferres, où elle fleurit depuis le mois de Mai jusqu'au milieu de Juin. Elle ne porte que peu de graines, par les quelles cependant on la propage avec plus de fuccès, que par des boutures.

LXXI.
BORBONIA CRENATA.

Die gezähnelte Borbonie. — *Heart-leaved Borbonia.*

Dieser kleine, etwa drey Fuſs hohe, am Vorgebirge der guten Hoffnung einheimiſche Strauch empfiehlt ſich ſchon durch ſeinen ganzen Anſtand, den Reichthum ſeiner Blätter, und die anmuthige Färbung der Blüthen und der Früchte. Die Blätter, von ſchöner herzförmiger Bildung, mit ſtarken Adern und zarten Zähnchen verziert, den Stengel wechſelsweis umfaſſend, werden überdem durch ihre Vergleichung mit den vorhergehenden Gewächſen merkwürdig. Sie zeigen uns den höchſten Grad der Einfachheit einer annoch vorhandnen Blattform in dieſer Familie; einen Grad der von der vielfach gefiederten Zertheilung andrer Gewächſe aufs weiteſte entfernt iſt, da Blatt und Afterblätter ſich völlig in eine und dieſelbe Fläche verbinden.

Es giebt noch einen Fall bey der Familie der Hülſenfrüchte, wo die Verkümmerung ſo weit geht, daſs die Blattfläche in ſteife und ſchmahle Dornen zuſammengezogen wird. Bey der Borbonie iſt wenigſtens die Blattfläche ſteif, und am Rande mit zarten Stacheln gezähnelt.

LXXI.

BORBONIA CRENATA.

La Borbone crénelée. — *Die gezähnelte Borbonie.* — *Heart-leaved Borbonia.*

Ce petit arbrisseau, qui atteint à peu près la hauteur de trois pieds, est indigène au Cap de bonne esperance, et devient remarquable par sa structure gracieuse, par la richesse des feuilles, et la teinture agréable des fleurs et des fruits. Les feuilles, qui ont la forme de coeurs, sont ornées de petites dents et de grandes veines; elles entourent alternativement la tige, et deviennent encore plus interessantes, quand on les compare avec les plantes précédentes. Elles offrent à nos yeux le plus haut degré de simplicité de forme, qui puisse être trouvé dans une feuille véritable; ce degré de simplicité diffère prodigieusement de la ramification multipennée, qui se trouve dans d'autres plantes, car la feuille et la fausse feuille s'y réunissent parfaitement dans une seule surface.

Il y a encore un exemple dans la famille des plantes legumineuses, où la consomtion est si grande, que les feuilles se retrècissent, et forment des épines roides et étroites. Dans la Borbonie au moins les feuilles sont roides et crénelées au bord en pointes minces et tendres.

Calceolaria pinnata.

LXXII.
CALCEOLARIA PINNATA.

Die gefiederte Pantoffelblume. — *Pinnated Slipper-Wort.*

Bey den Orchisarten, als irregulären Blumen (*Fr. Bot. S. 159.*), fanden wir schon eine schuhförmige Unterlippe (N. XXIII.), wovon die Blume eben so den Namen erhielt, wie hier eine, die zu den ebenfalls irregulären Larvenblumen (*Fr. Bot. S. 165.*) gehört.

Die meisten aus dieser letztern Familie haben, wie die Quirlblumen (*Fr. Bot. S. 164.*), vier Staubfäden, die gegenwärtige Gattung zeigt aber eben so, wie die Salbey (N. XXVII.) unter ihren Verwandten, eine Verkümmerung, und besitzt deren nur zwey.

An der ganzen Pflanze bemerkt man nichts prächtiges und auffallendes; aber ihr Ansehen hat doch etwas Fremdes. Sie ist bleich, wässerig, ihre Blätter bestehen aus einer ungemein zarten Haut, und müssen, da ihre Oberfläche etwas klebrig ist, sehr fein behandelt werden, wenn man sie nicht verderben will.

Zwey andre Arten dieser Gattung zeigen die bey den vorhergehenden Pflanzen bemerkte Abstufung. Ihre Blätter sind nicht gefiedert; bey einer Art sind sie etwas pfeilförmig, und gleichsam eben so das Ende eines gefiederten Blattes, wie das kleeartige, bey einer dritten sind sie ganz ungetheilt.

Die Pantoffelblume ist in Peru einheimisch. Sie wird leicht aus Saamen gezogen, ist eine Sommerpflanze, und will warm gehalten seyn.

LXXII.
CALCEOLARIA PINNATA.

La Calcéolaire empennée. — *Die gefiederte Pantoffelblume.* — *Pinnated Slipper-Wort.*

Dans la famille des Orchis, qui ont des fleurs irrégulieres (*Fr. Bot.* p. 159.), nous avons déja trouvé une lèvre inférieure en forme de sabot, (N. XXIII.) qui a donné son nom à la fleur, de même qu'à celle ci qui est de l'espéce des fleurs à masque egalement irrégulieres (*Fr. Bot.* p. 165.).

La plupart de fleurs de cette derniére famille ont quatre étamines comme les fleurs à moulinet (*Fr. Bot.* p. 164.), mais l'espèce dont il s'agit est dégénérée, et n'en a que deux, de même que la sauge qui differe aussi par la des autres espéces de sa famille.

La plante n'offre en général rien de beau, ni de saillant; cependant elle à quelque chose d'étranger. Elle est pale et aqueuse; ses feuilles sont composées d'une peau très fine, et comme la surface en est visqueuse, il faut les toucher avec beaucoup de précaution, si l'on ne veut pas les gâter.

Il y a deux autres espéces de cette famille qui offrent la gradation remarquée dans les plantes précédentes, leurs feuilles ne sont pas empennées; dans l'une des deux espéces elles ont un peu de la forme d'une flèche, et se terminent presque comme une feuille empennée, ainsi que celle en forme de tréfle; il y en a une troisieme espéce dans laquelle les feuilles ne sont pas divisées.

Le Pérou est la patrie de la Calcéolaire, il est aisé de la propager de semence; c'est une plante d'été, et elle demande à être tenue chaudement.

Browallia elata.

LXXIII.
BROWALLIA ELATA.

Die grofse Browallie. — Tall Browallia.

Auch eine Larvenblume, aber beynahe regelmäfsig, wenn die Färbung des obern Randes der Blumenmündung eine Ungleichheit nicht verrieth, die durch die schwarzen Staubbeutel in der Mündung selbst noch mehr ausgezeichnet wird.

Die Azurfarbe des Kronensaumes entschädigt das Gewächs vollkommen für das gemeine Ansehen des übrigen; sie ist so schön, dafs sie beynahe unnachahmlich wird.

Wenn die Kapfel (*Fr. Bot. S.* 84.) der Browallie einfächrig ist, so widerspricht dieses dem Charakter der Larvenblumen nicht, die gewöhnlich, nebst mehrern Verwandten, zweyfächrige Früchte besitzen. Es ist das blos eine Zurückziehung der Scheidewände (*Fr. Bot. S.* 85.).

Die Browallie ist auch eine Südamerikanische Sommerpflanze, die sich im Gewächs- und Treibhause besser befindet, als in freyer Luft.

LXXIII.
BROWALLIA ELATA.

La grände Browalleé — *Die grosse Browallie.* — *Tall Browallia.*

C'est aussi une plante à masque, qu'on pourroit toutefois regarder comme reguliere, si la couleur du bord supérieur de la fleur n'annonçoit pas une irrégularité plus marquée encore par les antheres noires dans l'ouverture de la fleur même.

Cette plante est entièrement dédommagée de la simplicité de sa figure par l'Azur du bord de sa couronne, qui est d'une beauté presque inimitable.

Le defaut de séparation dans la capsule (*Fr. Bot. p.* 84.) n'est point contraire au caractere des fleurs à masque, dont le fruit, ainsi que dans plusieurs fleurs de la même famille, a communement une séparation; ce n'est qu'une retraction des parois de la capsule (*Fr. Bot p.* 85.).

La Browalleé est aussi une plante d'été originaire de l'amérique méridionale, qui reussit mieux dans les serres ou sur les couches, qu'en plein air.

LXXIV.
CELSIA LINEARIS.

Die schmahlblättrige Celsia. — Linear-leav'd Celsia.

Diese, so wie die vorhergehende Gattung, ist nach einem schwedischen Botaniker genannt worden. Die Celsien sind nahe mit dem Wollkraute verwandt, und zeigen uns einen ähnlichen Fall, wie die Salbey und die Pantoffelblume (N. LXXII.). Das Wollkraut besitzt nämlich fünf Staubgefäse, die Celsien aber haben, nach Aufzehrung des fünften, nur vier. Sie sind übrigens in Ansehung der flachen, oben zwey, unten dreylappigen Krone, und der haarigen Staubfäden, dem Wollkraute ungemein ähnlich.

Bey der gegenwärtigen Art wird diese Uebereinstimmung sonderbar gestört. Die ganze Krone ist in die Breite gezogen, und scheint ganz aus der nach oben gekehrten Unterlippe mit drey Lappen zu bestehen; die zwey Lappen der Oberlippe erscheinen, gleichsam wie ein Paar kurze Bogen, am untern Rande. Durch eine sonderbare Verwechslung hat sich vielleicht der mittlere Lappen der wahren an ihrer Stelle stehenden Unterlippe getheilt, und die beyden Lappen der obern sind in Einen verwachsen.

Die dreyfache Zahl der bey einander stehenden Stengelblätter ist die dritte Verschiedenheit in der Familie der Larvenblumen, wodurch sie manchen Tollkräutern (*Fr. Bot. S.* 165.) nahe kommen, da andre (N. LXXII.) Blätterpaare zeigen, wie die Quirlblumen, und noch andre die Blätter in abwechselnder Stellung tragen (N. LXXIII.).

Wie die Pantoffelblume muss auch diese, ebenfalls aus Peru abstammende Pflanze, warm gehalten werden. Sie weicht nicht nur in der Krone, auch in den Staubfäden und Beuteln, und in den nicht abfallenden Blättern von andern Celsien ab.

LXXIV.
CELSIA LINEARIS.

*La fauſſe molaine. — Die ſchmahlblättrige Celſia. —
Linear-leav'd Celſia.*

Les Celſies approchent beaucoup du molène, et ont quelque reſſemblance avec la ſauge et la Calcéolaire (N. LXXII.). La molène a cinq étamines: mais les Celſies n'en ont que quatre. Du reſte elles reſſemblent beaucoup au molène, par la couronne applatie, diviſée à la partie ſupérieure en deux et à la partie inférieure en trois lobes, et par les étamines velues.

Cette reſſemblance eſt ſupprimée dans l'eſpéce dont il ſ'agit, d'une maniere extraordinaire. Toute la couronne eſt élargie, en ſemble formée uniquement par la lèvre inférieure à trois lobes tournée en haut; les deux lobes de la lèvre ſupérieure paroiſſent comme de petits arcs au bord inferieur; il eſt poſſible que par un echange extraordinaire le lobe du milieu de la veritable lèvre inferieure ſe ſoit diviſé, et que les deux lobes de la lèvre ſupérieure ſe ſoient joints en croiſſant en un ſeul lobe.

Le nombre triple des feuilles de la tige rangées enſemble fait la troiſieme variation dans la famille des fleurs à masque, qui les rapproche de quelques plantes lurides (*Fr. Bot.* p. 163.); d'autres (N. LXXII.) ont des feuilles apariées comme les fleurs à moulinet; d'autres enfin ont des feuilles, qui ſont alternativement poſées (N. LXXIII.).

Cette plante, qui vient du Pérou, comme la Calcéolaire demande également à être tenue chaudement. Elle ſe diſtingue des autres eſpéces de Celſies non ſeulement par la couronne, mais encore par les étamines, les antheres, et par les feuilles.

Hyoscyamus aureus.

LXXV.
HYOSCYAMVS AVREVS.

Goldgelbes Bilsenkraut. — Golden-flowered Henbane.

Eine Pflanze aus der Familie der Tollkräuter, mit fünf vollkommnen und gewöhnlich gebildeten Staubgefäsen versehen. Wenn sie sich auch unter ihren noch traurigern Nebenarten derselben Gattung durch eine mehr gefärbte Blüthe auszeichnet, so bleibt sie doch im Verhältniss gegen andre anmuthige Blumen, noch immer traurig genug. Die bleiche Farbe der Krone, ihr düster violetter Schlund, das graugelbliche Grün ihrer klebrichen und übelriechenden Blätter, alles stimmt mit den Säften dieser Pflanzengattung überein, die nebst dem Stechapfel, dem Nachtschatten u. d. das betäubende Gift der Familie vorzüglich bemerken läfst. Dieselben Haare, welche bey der Rose einen erquickenden Balsam absondern, schwitzen hier einen widrigen, und bey innerlicher Anwendung gefährlichen Saft.

Dass es mit der Vertheilung der Kronenlappen hier dieselbe Bewandniss habe, wie bey der nächst vorhergehenden Pflanze, das wird nun auf den ersten Blick zu erkennen seyn.

Auf Candia, und weiter im Morgenlande ist das goldgelbe Bilsenkraut einheimisch.

Man kann die Saamen auf freye Beete säen, auch die Pflanzen der Winterkälte, unter einigem Schutze, aussetzen; sicherer ist es, den Saamen in Mistbeete, die Pflanzen selbst aber gegen den Herbst in das Gewächshaus zu bringen. Sie dauern dann mehrere Jahre.

LXXV.

HYOSCYAMVS AVREVS.

La jusquiame jaune. — Goldgelbes Bilfenkraut. — Golden-flowered Henbane.

C'eſt une plante de la famille des Solanées, qui a cinq étamines bien deſſinées et de forme ordinaire. Quoiqu'elle ſe diſtingue des autres eſpeces de cette famille plus triſtes encore par une fleur d'une couleur plus vive, elle ne laiſſe pas d'être encore fort triſte en comparaiſon d'autres fleurs agréables; la couleur pale de la couronne, le violet obſcur du fond, le verd tirant ſur le jaune griſâtre de ſes feuilles visqueuſes et d'une odeur déſagréable, tout s'accorde avec les ſucs de ce genre de plantes, dans lesquelles on remarque ſurtout le principe narcotique, comme dans la pomme épineuſe, la morelle etc. Les mêmes poils qui dans la roſe donnent un parfum ſi agréable, font couler de cette plante un ſuc inſupportable, et qu'il ſeroit dangereux d'avaler.

On voit du premier coup d'oeil que la diviſion des lobes de la couronne eſt la même, que dans la plante précédente.

La jusquiame jaune croit dans l'isle de Candie, et plus loin dans l'aſie.

On peut ſemer la graine ſur des couches en plein air; la plante elle même n'a beſoin que d'un léger abri pour ſupporter le froid. Le plus ſur eſt de ſemer les graines ſur des couches de terreau, et de renfermer les plantes vers l'automne dans les ſerres, par ce moyen on les conſerve pendant pluſieurs années.

Pulmonaria virginica.

LXXVI.
PVLMONARIA VIRGINICA.

Virginisches Lungenkraut. — *Virginia Lungwort.*

Hier sehen wir ein Gegenstück zu der Salbey (N. XXVII.) und dem Gamander (N. XXVI.), die zu den Quirlblumen (*Fr. Bot. S.* 164.) gehörten. Das Lungenkraut hat, eben wie jene, eine vierkörnige Frucht, aber es zeigt auch die abweichenden Kennzeichen der Familie der scharfblättrigen Gewächse, die fünf Staubgefäſse an der Stelle der Staubfadenpaare, die einseitige Blumenähre anstatt des Kranzes, die abwechselnden Blätter anstatt der Blätterpaare von jenen.

Die meisten scharfblättrigen Gewächse haben regelmäſsige Blumenkronen, wie die gegenwärtige, deren Blume trichterförmig ist, und oben aus einem umgekehrten Kegel, unten aber aus einer Röhre besteht.

Die Erscheinung der Blumen im Frühjahr, wo jede, vielmehr eine so schöne Blüthe, willkommen ist, und der Umstand, daſs jüngere und ältere Blumen neben einander mit röthlicher und blauer Färbung wechseln, wodurch ihre Anmuth nicht wenig erhöht wird, hat sie noch mit mehrern Arten dieser Familie gemein.

Das Herabhängen der grosen Blumen gereicht der Pflanze auch zur Zierde, und sie ist eine würdige Gesellschafterin der Arten von Vergiſsmeinnicht, die minder ansehnlich, aber etwas gefälliger sind.

Die gegenwärtige virginische Pflanze kommt im freyen Lande fort, besonders in einer vor scharfen Winden geschützten Lage. Man vermehrt sie durch Zertheilung der Wurzeln.

LXXVI.
PVLMONARIA VIRGINICA.

La Pulmonaire de Virginie. — *Virginifches Lungenkraut.* — *Virginia Lungwort.*

Cette plante fait le pendant de la Sauge (N. XXVII.) et de la Germandrée (N. XXVI.), qui ont été comptées dans la famille des fleurs à moulinet ou labiées (*Fr. Bot. p. 164.*). La Pulmonaire leur reffemble par rapport à fon fruit à quatre grains, mais, elle en différe et fe rapproche de la famille des Borraginées, par les cinq étamines, qui fe trouvent à la place des paires d'étamines, par l'épi de la fleur, qui eft unilateral, au lieu de faire une couronne, et par les feuilles, qui alternent, au lieu d'être placées par paires.

 La plûpart des plantes Borraginées ont des couronnes regulières, comme on le voit à la préfente, dont la fleur, qui a la forme d'un entonnoir, reffemble en haut à une cône renverfé, et confifte en bas d'un tuyau.

 La fleur paroit des le commencement du printemps, et dans une faifon, où l'on eft charmé de la moindre production de la nature, mais d'autant plus par l'afpect d'une fleur auffi agréable. Sa beauté eft confiderablement relevée par la circonftance, qui lui eft de commun avec plufieurs autres efpéces de cette famille, que fe fleurons jeunes pouffent à coté des vieux, et alternent avec eux dans une teinture rougeàtre et bleue.

 Les grandes fleurs de cette plante pendent en bas, ce qui lui fert auffi d'embelliffement; elle eft une digne foeur des efpéces de l'oreille de Souris, qui à la verité ont moins d'apparence qu'elle, mais qui font un peu plus agréablement colorées.

 La plante repréfentée ici tire fon origine de la Virginie; elle endure chez nous l'air libre, et furtout lorfqu'elle eft placée à l'abri des grands vents. On l'augmente en divifant fes racines.

Jasminum odoratissimum.

LXXVII.
JASMINVM ODORATISSIMVM.

Gelber Jesmin. — Sweetest Jasmine.

Auch eine einblättrige Blumenkrone, wie in dem vorhergehenden Falle; der Blumensaum bildet aber auf der Röhre keinen Kegel, sondern eine ausgebreitete Fläche, und eine solche Krone wird in der botanischen Sprache präsentirtellerförmig genennt.

Sowohl die Blumen, als die Blätter, haben das steife, lederartige Ansehen, jene den Geruch, diese den Glanz, wie bey den Orangeriegewächsen (*Fr. Bot. S.* 35.) überhaupt.

Wenn man die hier vorgestellte Art des Jesmins die wohlriechendste nennte, so fehlte man offenbar, da sie von andern Arten sogar übertroffen wird.

Die Blätter zeigen uns wieder, was wir schon anderwärts bestätigt fanden (N. V.), die nahe Verwandschaft dreyzähliger, kleeartiger, und gefiederter Blätter. Sie kommen beyde an einem Stengel vor, und zwar natürlich die geringere Zahl am Ende, wo der Trieb des Wachsens bereits vermindert ist.

Die Familie der Jesminarten überhaupt (*Fr. Bot. S.* 165.) zeichnet sich im innern Baue der Blumen und Früchte durch zwey Fächer in diesen, und durch lang herabgehende Narben in jenen aus. Die Kelche pflegen gegen die Blumen klein zu seyn, und hier sind auch die Kelchzähne ungemein verkürzt.

Der gelbe Jesmin ist auf Madera einheimisch; man hält ihn orangerieartig im Glashause, er ist aber weniger zärtlich als andre Arten seiner Gattung, und dauert auch den Sommer über im Freyen. Er blüht vom May bis zum November.

LXXVII.

IASMINVM ODORATISSIMVM.

Le Jasmin jaune. — *Gelbes Jasmin.* — *Sweetest Jasmine.*

On remarque ici comme à la fleur précédente une corolle monopétale; le bord de la fleur préfente ne forme cependant pas un cône fur le tuyau, mais il s'étend en une furface unie; les couronnes de fleurs ainfi formées font nommées dans la langue botanique couronnes en forme de foucoupe.

Les fleurs et les feuilles du Jasmin jaune reffemblent aux orangers par leur roideur, et leur air de cuir (*Fr. Bot. p.* 35.); les premieres en ont auffi l'odeur, et les dernières le luftre.

On a donné à cette efpéce de Jasmin le furnom de la plus odoriférante, mais c'eft à tort, car il y en a d'autres efpéces, qui la furpaffent de beaucoup.

Par les feuilles de cette plante on peut de nouveau fe convaincre de l'affinité déja mentionnée plus haut (N. V.), qui fe trouve entre les feuilles empennées et femblables à celles du tréfle. Les deux efpéces fe préfentent ici à la même tige, de manière que le nombre inferieur fe trouve vers le bout, où la force de la végétation eft déja diminuée.

Toute la famille des Jasmins a des caractéres diftinctifs dans la conftruction intérieure de fes fruits et de fes fleurs; les premiers renferment deux capfules et les dernières ont les ftigmates très longs. Les calices font petits, en comparaifon des fleurs, et dans l'efpéce préfente les dents même du calice font extrêmement raccourcies.

Le Jasmin jaune eft originaire dans l'isle de Madeire; il faut le tenir dans la ferre tout comme les orangers, mais il eft cependant moins delicat que d'autres efpéces de fon genre, et dans l'été il endure auffi l'air libre. Il fleurit depuis le mois de May jufqu'au mois de Novembre.

Convolvulus linearis

LXXVIII.
CONVOLVVLVS LINEARIS.

Die schmahlblättrige Winde. — Narrow-leaved Convolvulus.

Die fünffache Abtheilung der einblättrigen Blumenkrone ist hier weniger deutlich, als bey den vorigen; die Lappen der Krone fliessen in einen fünfeckigen, mehr vereinfachten Umriss zusammen (*Fr. Bot. S.* 108.).

Die Krone hat im ganzen eine kegelförmige Bildung, aber bey aller Einfachheit ist sie vor der Entwicklung künstlich gefaltet, und sogar mit diesen Falten schief gedreht. Fünf lange flache Dreyecke gehen nach jeder vorstehenden Ecke des Saumes, zwischen den Dreyecken stehen fünf nach innen gebogne Falten. Selbst bey der entwickelten Blume zeigen sich Spuren jener Lage.

Unter andern steigenden und eigentlichen Winden mit herzförmigen oder gelappten Blättern zeichnet sich diese Art durch den aufrechtstehenden Stengel, und die schmahlen, höchst einfachen Blätter aus. Die milde, und dennoch muntre Schönheit ihrer Färbung fällt auf den ersten Blick in die Augen.

Die Verwandschaft der Windenarten (*Fr. Bot. S.* 165.) wird unter den übrigen einblättrigen Blumen besonders durch die mehrfächrige Kapsel, und ihre grossen Saamenkörner bestimmt.

Die gegenwärtige Art, deren Vaterland nicht bekannt ist, wird im Gewächshause gehalten, wo sie minder zärtlich ist, als andre, dort aufbewahrte Gewächse, und überdem fast den ganzen Sommer blüht. Sie wird durch Schnittlinge vermehrt.

LXXVIII.
CONVOLVVLVS LINEARIS.

Le Liferon à feuilles étroites. — Die schmahlblättrige Winde. — Narrow-leaved Convolvulus.

On remarque ici moins diftinctement, que dans les fleurs précédentes, la divifion quintuple de la corolle monopétale; le lobes de la corolle fe réuniffent dans un contour pentagone tres fimple (*Fr. Bot. p.* 108.).

La couronne eft de la forme conique, et malgré fa grande fimplicité elle eft avant fon épanouiffement artiftement pliée, et même contournée avec ces plis dans une direction oblique. Les cinq bouts avancés du bord renferment cinq triangles longs et plats, entre lesquels il y a cinq plis courbés vers l'interieur. Il fe montre même encore dans la fleur déja épanouie des traces de cette direction oblique.

Parmi plufieurs autres efpéces de Liferon, dont les feuilles font en forme de coeur, celle-ci fe diftingue par fa tige élevée et fes feuilles étroites et fimples. On eft frappé au premier coup d'oeil par la beauté fuave et cependant brillante de la teinture.

La parenté des efpéces de Liferon (*Fr. Bot. p.* 165.) eft determinée parmi toutes les autres fleurs monopétales par leurs capfules à plufieurs cellules, et par la grandeur de leurs grains.

L'efpéce préfente, dont la patrie n'eft pas connue, doit être confervée dans la ferre; elle eft moins delicate, que d'autres plantes, qui y font tenues, et elle fleurit presque pendant tout l'été. On l'augmente par des boutures.

Plumbago rosea.

LXXIX.

PLUMBAGO ROSEA.

Die rothe Zahnwurzel. — Rose-Coloured Leadwort.

Auch diese Art gehört zu einer eignen Familie von Gewächsen mit einblättrigen Kronen; zur Verwandschaft der Wunderblumen (*Fr. Bot. S.* 165.). Alle vorhergehenden tragen viele Saamen in einer Frucht, da in dieser Verwandschaft alle Früchte nur einsaamig sind. Die sonderbare Nuſs, welche die Frucht der Wunderblumen mit dem angewachsnen Grunde der Blumenkrone bildet, kann man bey uns im Herbst in den meisten Gärten bemerken, wo die Wunderblumen eine gewöhnliche Zierde sind.

Bey den Arten der Zahnwurzelgattung wird besonders die Verzierung mit S a f t h a a r e n am K e l c h e merkwürdig. Sie erinnert uns an den ähnlichen Fall bey den Rosen, und zwar jetzt um so mehr bey einer schön gerötheten Krone, deren Farbe sich in den Kelch ergossen hat, und selbst an den Blattgrundstücken hervorblickt.

Die E i n f a c h h e i t d e s S a a m e n s scheint bey der fünffachen Anzahl in Kelch, Krone und Staubgefäſsen, wodurch die Blume den vorigen im Allgemeinen ähnlich wird, eine Aufzehrung mehrerer Saamen und Saamenfächer zum Grunde zu haben. So ist auch die Cocosnuſs einsaamig, ob sie gleich ursprünglich drey Saamen hat.

Das hier abgebildete Gewächs, das in I n d i e n einheimisch ist, im Treibhause gehalten, und durch Schnittlinge vermehrt wird, giebt einen Strauch von besondrer Schönheit, der fast das ganze Jahr durch reichlich blüht.

LXXIX.

PLVMBAGO ROSEA.

La Plumbaginée rouge. — Die rothe Zahnwurzel. — Rose-Coloured Leadwort.

Cette fleur appartient également dans une famille particulière de plantes à corollès monopétales, dans celle des merveilles de Pérou (*Fr. Bo'. p.* 165.). Toutes les plantes précédentes ont dans leurs fruits, plusieurs grains de semence, mais dans la famille en question tous les fruits n'ont qu'un seul grain. Les merveilles de Pérou faisant un ornèment commun dans nos jardins, on y peut voir dans l'automne la noix singulière, que le fruit de cette plante forme avec le fond attaché de sa couronne.

Dans les différentes espéces de Plumbaginée il faut principalement remarquer la decoration du calice garni de cheveux qui charient le suc nourricier. Cette decoration nous rapelle celle toute semblable qu'on voit aux Roses, et d'autant plus, que la couronne joliment colorée en rouge a communiqué sa teinture au calice, et la fait même paroitre au fond des feuilles.

Comme on trouve le nombre quintuple au calice, à la couronne, et aux étamines de cette fleur, ce qui lui donne une ressemblance générale avec les précédentes, l'unité du grain semence ne paroit provenir que d'une consomtion de plusieurs grains et de capsules de grains. De la même manière la noix de Coco n'a qu'un seul grain, quoiqu' originairement elle en ait trois.

La plante représentée ici est un arbrisseau d'une beauté surprenante, qui fleurit abondamment pendant presque toute l'année. Elle est originaire de l'Inde; chez nous il faut la tenir dans la serre, et elle se laisse propager par des boutures.

Cheiranthus maritimus.

LXXX.

CHEIRANTHVS MARITIMVS.

Meerſtrandsleokoje. — Mediterranean Stock.

Ein Gewächs aus der Familie der Schootentragenden (*Fr. Bot. S.* 157.), mit vier Blumenblättern, wie in den Mohnarten, aber, zum Unterſchied von jenen, mit vier Kelchblättern, und ſechs Staubgefäſſen verſehen.

Das Ganze dieſer Art hat ein niedliches und gefälliges Anſehen. Noch auſſer der Bildung wird ſie durch das Muſter der Färbung eben ſowohl, als durch ihre Veränderung während dem Wachſen verſchönert. Iedes Blumenblatt iſt mit ſanft und deutlich gezeichneten Adern bezogen, und gegen die Mitte, wo die Platte an den im Kelche aufrechtſtehenden Nagel (*Fr. Bot. S.* 17.) anſtöſſt, wird die Färbung bleich. Die jungen Blüthen weichen überdem (N. LXXVI.) durch ihre Röthe von den ältern ab, noch ehe dieſe verwelken.

Die einjährige, aus dem Erdſtrich in der Nähe des mittelländiſchen Meeres abſtammende Pflanze wird am beſten im Herbſt geſät, worauf ſie ſchöner und früher zur Blüthe kommt, als wenn es ſpäter geſchieht; ſie kann indeſs auch für verſchiedne Zeiten der Blüthe verſchieden geſät werden. Sie ſchickt ſich ſowohl zu Einfaſſungen, als auch zum Aufſtellen in Töpfen vor den Fenſtern.

LXXX.

CHEIRANTHVS MARITIMVS.

Le Giroflier de la Mediterranée. — *Meerſtrands Leukoje.* — *Mediterranean Stock.*

Cette plante appartient dans la famille des plantes cruciferes (*Fr. Bot. p.* 157.), la fleur eſt compoſée de quatre pétales, tout comme les pavots, mais elle ſe diſtingue de ces derniers par les quatre feuilles de ſon calice et les ſix étamines.

Au premier coup d'oeil on trouve déja cette eſpèce de Giroflier d'une forme agréable et élégante, mais outre cette jolie ſtructure extérieure elle eſt encore embellie par le beau modéle de ſa teinture, et par le changement, qui s'y opére à méſure que la plante croit. Chaque pétale de ſes fleurs eſt decorée de veines legérement, mais très diſtinctement, deſſinées; vers le milieu de la fleur, où le rond aboutit contre le clou du calice (*Fr. Bot. p.* 17.), ſa teinture devient plus pale. La couleur rouge des fleurs jeunes (LXXVI.) différe auſſi de celle, qu'on voit aux vieilles, avant que celle-ci ſoiént encore fannées.

La plante eſt annuelle, et originaire dans les pays ſitués aux côtes de la Mediterranée. Il eſt le plus avantageux de la ſémer dans l'automne, car alors elle divient plus belle et fleurit auſſi de meilleure heure, que ſi on la ſéme plus tard; pour avoir cependant de ſes fleurs à pluſieurs répriſes, on peut enſémer à differentes fois. Elle eſt non ſeulement très propre pour embellir un jardin, mais etant miſe dans des pots a fleurs elle fait auſſi un bel ornement devant les fenêtres.

Agrostemma Coeli rosa

LXXXI.
AGROSTEMMA COELI ROSA.

Himmelsrose. — Smooth-leav'd-Cockle, or Rose Campion.

Im Stande der Blumenblätter ſtimmt dieſe Art mit der vorigen überein, aber nicht in der Zahl derſelben, und in der übrigen Einrichtung der Blume. Sie gehört in die Reihe der Gewächſe, die mit der Gartennelke verwandt ſind (*Fr. Bot. S.* 155.), und zu der Gattung, die das bekannte Ackerunkraut, den Kornraden, enthält.

Verſchiedne Umſtände, welche die nelkenartigen Gewächſe zeigen, werden auch bey dieſem bemerkt. Dahin iſt zu rechnen die Gabeltheilung des Stengels, die paarweiſe Zuſammenſtellung einfacher grasähnlicher Blätter, die Zurückrollung der von einander getrennten Griffel, die bläuliche Farbe der Staubbeutel, und die Verzierung eines jeden Blumenblattes, an der auch anderwärts (N. LXXX.) ausgezeichneten Stelle, mit einer doppelten Spitze, wodurch gleichſam ein inneres Krönchen an der Oeffnung der Krone gebildet wird. Bey den meiſten ſind, wie hier, die Blumenblätter getheilt, zuweilen ſind ſie ſogar vielſach geſpalten.

Man ſät die ſchöne Himmelsroſe am beſten im Frühjahr auf die Stelle, wo ſie bleiben ſoll. Sie blüht im Iulius und Auguſt. Einheimiſch iſt ſie in Sicilien und im Morgenlande.

LXXXI.
AGROSTEMMA COELI ROSA.

Le Faux-Lychnis. — Himmelsrose. — Smooth-leav'd Cockle, or Rose Campion.

Cette espèce de fleurs ressemble à la précédente pour la manière dont ses pétales sont posées, mais non pas pour leur nombre et pour tout le reste de sa structure. Elle appartient dans la famille des plantes caryophyllées, qui sont en parenté avec l'oeillet (*Fr. Bot. p.* 155.), et dans le genre de celles qui renferment la Nielle, cette ivroie connue des champs.

On remarque dans cette plante plusieurs particularités, qui sont aussi à voir dans toutes les autres plantes caryophillées. On peut y compter la division fourchue de la tige, la position par paires de ses feuilles simples et semblables au gramen, la structure des styles, qui sont séparés l'un de l'autre et courbés en arrière, la couleur bleuâtre des anthères, et enfin la decoration de chaque pétale par une pointe double, placée à l'endroit, ou l'on a déja trouvé autrepart des marques caracteristiques (LXXX.), ce qui forme pour ainsi dire une petite couronne intérieure au bord de la grande couronne. Dans la plûpart de ces plantes les pétales sont divisées en deux, comme on le voit à la présente, mais on en trouve aussi, qui sont fendues à plusieurs fois.

On séme cette belle plante au printemps dans le même endroit, où elle doit rester. Elle fleurit aux mois de Iuillet et d'Août; elle est originaire dans la Sicile, et dans tout le Levant.

Hypericum monogynum.

LXXXII.
HYPERICVM MONOGYNVM.

Chinesisches Iohanniskraut. — Chinese St. Iohn's-Wort.

Die Blume hat viel Aehnlichkeit mit den Cistusarten (N. XLV.), in der Menge der Staubfäden, und in der fünfblättrigen Blume; aber die Verwachsung der Fäden in mehrere Bündel trennt sie von ihnen. Ueberdem haben die allermeisten Arten von Iohanniskraut mehrere von einander getrennte Griffel.

Das gegenwärtige macht eine sonderbare Ausnahme, da bey ihm, wie bey den Storchschnäbeln, oder Geranien, fünf Griffel in Einen verwachsen, und nur noch in der Theilung der Narben nach ihrer Anzahl zu errathen sind.

Die zahlreichen Fäden kommen bey einfachen Stempeln, wie hier und in den Cistusarten, selten in Europa, viel häufiger in Indien, und in entfernten Weltgegenden vor. Der steife Anstand und die geradrandigen Blätter, stimmen mit dieser Bemerkung überein, da auch sie im ganzen in Europa seltner sind.

Die Iohanniskräuter führen oft einen blutrothen Saft, daher ihr Name zum Andenken des Heiligen. Die gegenwärtige Art scheint jenen Saft hauptsächlich im Kelche zu verrathen.

Sie stammt aus China, wird im Glashause, auch wohl des Sommers in warmer Lage auf dem freyen Lande erhalten, und durch Absenker und Schnittlinge vermehrt.

LXXXII.
HYPERICUM MONOGYNUM.

Le Millepertuis Chinois.. — Chinesisches Iohannis-kraut. — Chinese St. Iohn's-Wort.

Cette fleur a beaucoup de ressemblance avec les espéces de Cistes (N. XLV.), dans la quantité des étamines, et dans le nombre quintuple des pétales; mais elle en diffère par ceque les filets sont attachés ensemble en plusieur bouquets. D'ailleurs la plûpart des espéces de Millepertuis ont plusieurs styles séparés. L'espéce présente en fait une exception tout á fait singuliére, car on y voit, comme aussi dans les Geranions, cinq styles réunis en un seul, dont on ne peut plus reconnoitre le nombre, que par la division quintuple du stigmate.

Les fleurs, telles que la présente, et toutes les espéces de Cistes, dans les quelles on trouve cette quantité de filets, et un seul pistil, sont très rares en Europe; on en voit beaucoup plus dans l'Inde, et dans d'autres parties éloignées du Globe. Cette remarque est confirmée par l'extérieur roide, et par le bord lissé des feuilles de tige, ce qui n'est pas moins rare en Europe.

Les espéces de Millepertuis contiennent souvent un suc rouge comme du sang; dans l'espéce présente on peut surtout le distinguer dans le calice.

La plante est originaire de la Chine; on la conserve dans la serre, mais dans l'eté on peut aussi la mettre dans un champ situé chaudement. Elle peut être propagée par des marcottes, et par des boutures.

LXXXIII.
PASSIFLORA ALATA.

Die breitstengliche Passionsblume. — Winged Passion-Flower.

Auch hier stehen, wie in dem vorhergehenden Falle, viele Fäden in einer Blume, deren Krone und Kelch aus fünf Blättern zusammengesetzt ist. Die Fäden sind aber unfruchtbar, und ohne Staubbeutel; nur fünf, welche im Innern versteckt liegen, und diesen unähnlich sind, tragen Staubbälge, und bewirken die Befruchtung. Der Aberglaube hat sie mit den fünf Wunden, die vielen Fäden mit der Dornenkrone, und die drey Griffel mit den drey Nägeln in Christus Leidensgeschichte verglichen. Die gemeine Passionsblume, die sich ausbreitet, zeigt alles dieses weit auffallender, ist auch weit niedlicher, aber minder prächtig und wohlriechend, als diese.

Bey beyden ist Kelch und Krone, wie bey der Lindenblüthe nicht sehr stark unterschieden, der Kelch ist nur etwas grüner, und seine Blätter tragen am Ende Spitzen.

Die unfruchtbaren Fäden sind wahrscheinlich Ausartungen zahlreicher wirklich fruchtbarer Staubgefäße. Selbst die bunte Färbung, die auch anderwärts an ausgearteten Staubgefäßen, und bey mehrern Passionsblumen vorkommt, widerspricht dieser Vorstellung nicht.

Die prächtige hier abgebildete Art ist aus Westindien, reicht im Treibhause bis an die Decke, und läßt sich seitwärts an den Wänden herum ziehen.

LXXXIII.
PASSIFLORA ALATA.

*La Paſſiflore à tige large. — Die breitſtengliche Paſ-
ſionsblume. — Winged Paſſion-Flower.*

Il ſe trouve ici, comme dans la fleur précédente, une quantité de filets dan une ſeule fleur, dont la couronne auſſi bien que le calice eſt compoſée de cinq pétales. Mais ici ces filets ſont ſtériles et depourvus d'Anthéres; il n'y en a que cinq cachés dans l'intérieur, et qui ne reſſemblent pas aux autres, qui portent des Anthères et fécondent la fleur. Le fanatiſme les a comparé avec les cinq ſtigmates de Ieſus-Chriſt, ainſi que la quantité de filets avec la couronne d'épines, et les trois ſtyles avec les trois clous dans l'hiſtoire de la Paſſion du fondateur de chriſtianiſme. La paſſiflore vulgaire, en ſ'epanouiſſant d'avantage, fait voir toutes ces parties beaucoup plus diſtinctement; elle eſt auſſi plus élégante, mais moins magnifique, et d'une odeur moins ſuave, que la préſente.

Dans les deux eſpéces le calice et la couronne ne ſont pas fortement diſtingués l'un de l'autre, comme on le trouve auſſi dans les fleurs de tilleul; le calice ſeulement eſt un peu plus vert, et ſes feuilles ont des pointes à l'extrèmité.

Les filets ſteriles ne ſont probablement, que des étamines fertiles, qui ſont dégénerées; et même leur teinture variée ne refute pas cette aſſertion, car on la trouve auſſi dans d'autres fleurs à depareilles étamines dégénerées, et dans pluſieurs autres eſpecés de Paſſiflores.

L'eſpéce magnifique, qui eſt repréſentée ici, eſt originaire des Indes Occidentales; elle atteint dans la ſerre jusqu'au toit, on peut la faire croitre de coté, et en couvrir les murs.

Cassia chamaecrista

LXXXIV.
CASSIA CHAMAECRISTA.

Die Zwerg-Caſſie. — Dwarf Caſſia.

In den warmen Ländern findet man unter den hülſentragenden Gewächſen welche, die, wie das gegenwärtige, das in Virginien und Weſtindien einheimiſch iſt, keine Schmetterlingsblumen, ſondern **fünfblättrige** tragen. Die Staubfäden ſtimmen mit dieſer Veränderung überein, ſie bilden **keine Scheide**, ſondern ſtehen ſämmtlich von einander getrennt.

Gleichwohl iſt die Blume noch immer merklich **irregulär**. Die Blumenblätter ſind weder gleichartig geſtellt, noch auf einerley Weiſe gefärbt.

Am ſtärkſten aber zeigt ſich die **Ungleichheit in den Staubgefäſsen**, die nach demſelben Geſetz in ihrer Vollkommenheit abnehmen, wie bey den Lippenblumen (No. XXVII.). Die unterſten ſtrecken ſich am längſten hervor, und haben ausgebildete Staubbeutel, da die oberſten, verkürzten, ſtaubleere und unvollkommene Bälge tragen. Dieſe beſtändig vorkommende Verkümmerung bezeichnet die Gattung der **Caſſien**, aus der wir die Sennesblätter und die Caſſienröhre erhalten; aber in der nahe verwandten **Tamarindengattung** werden Kronenblätter und Staubgefäſse ſogar bis zur dreyfachen Zahl vermindert.

Die geſchwollnen **Grundſtücke der Blattſtiele** hat dieſe Art Gewächſe mit mehrern hülſentragenden, und die **Drüſen auf dem Stiele** mit noch andern Caſſien gemein.

Sie iſt einjährig, und will etwas warm gehalten werden, um gegen das Ende des Sommers die Saamen zur Reife zu bringen.

LXXXIV.
CASSIA CHAMAECRISTA.

La Caſſie naine. — *Die Zwerg-Caſſie.* — *Dwarf Caſſia.*

Cette plante eſt originaire dans la Virginie et dans les Indes Occidentales; on y remarque ce qu'on trouve encore dans pluſieurs autres plantes legumineuſes, qui croiſſent dans les climats chauds, qu'elle ne porte pas des fleurs papillonnacées, mais á cinq pétales. Les étamines s'accordent avec cette variation, car au lieu de former des gâines, elles ſe trouvent toutes ſeparées les unes des autres. Cela n'empêche cependant, que la fleur ne ſoit encore trés viſiblement irréguliére; les pétales ne ſont ni poſées en direction égale, ni colorées d'une manière uniforme.

Cette inégalité eſt plus marquée encore dans les étamines, qui j'éloignent de l'état de perfection d'aprés la même loi, que les fleurs labiées (N. XXVII.). Les étamines inférieures ſe prolongent le plus, et portent des anthéres parfaitement formés; les ſuperieures au contraire ſont raccourcies, et leurs gouſſes imparfaites et depourvues de pouſſière prolifique. Cette corruption a toujours lieu et caractériſe l'eſpéces de Caſſies, dont nous recevons les feuilles de ſéné et les bâtons de Caſſes; mais dans l'eſpéce des Tamarins, qui cependant eſt trés en rélation avec les précédentes, les feuilles de la couronne et les étamines ſont reduites juſqu'au nombre triple.

Cette eſpéce de Caſſies a les mêmes fonds enflés des tiges des feuilles, comme pluſieurs autres plantes legumineuſes, et les mêmes glandules aux tiges, comme d'autres eſpéces de Caſſies.

La plante eſt annuelle, et veut être placée aſſés chaudement, ſi vers la fin de l'été la ſemence doit parvenir á ſa maturité.

Viola pedata.

LXXXV.
VIOLA PEDATA.

Fuſsblättriges Veilchen. — *Cut-leaved Violet.*

In der Art der Unregelmäſſigkeit, wo zwey Blumenblätter einander näher ſtehen, als die drey übrigen, kommt dieſe Pflanze mit der vorigen überein, ihre Blume iſt auch eben ſo ſchief geſtellt, wie jene, und faſt alle, deren Kronen keine gleichförmigen Kreiſe bilden.

Die innere Einrichtung der Veilchenblüthe läſst aber bald die Abweichung von allen Hülſengewächſen erkennen. Fünf groſse und breite Staubbeutel umgeben einen Stempel, deſſen Frucht bey der Reife in eine dreyklappige Kapſel zerſpringt, und mehrere Saamen an jeder Klappe enthält.

Eine ſonderbare Art von Blättern zeichnet die hier abgebildete Veilchenart von den übrigen aus. Das Blatt ſcheint ſich gleichſam in eine Gabel zu theilen, die wieder in Nebenlappen, aber blos gegen die innere Seite, getheilt iſt. Man nennet dieſe Bildung ein fuſsförmiges Blatt. Die in europäiſchen Gärten ſeltner anzutreffende virginiſche Pflanze hat in der Blüthe manches Aehnliche mit den gemeinen Veilchen, doch fällt ſie wegen Gröſſe und ſtärkerer Färbung etwas mehr in die Augen.

Ihre Saamen werden auſſer ihrem Vaterlande ſchwerlich reif; man pflanzt daher ihre zertheilten Wurzeln in eine ſchattige nordliche Lage, und hält ſie den Winter über etwas geſchützt.

LXXXV.
VIOLA PEDATA.

La Violette à feuilles en forme de pieds. — Fußblättriges Veilgen. — Cut-leav'd Violet.

Cette plante ressemble à la précédente par son genre d'irrégularité, car deux pétales y sont plus rapprochées ensemble, que les trois autres. La fleur a aussi la même direction oblique, que celle de la plante précédente, et comme presque toutes les fleurs, dont les couronnes ne forment pas des cercles égaux.

Mais on reconnoit bientôt à la construction intérieure de la fleur de la Violette, combien elle diffère de toutes les plantes legumineuses. Cinq Antheres grands et larges y entourent un pistil, dont le fruit forme une capsule, qui dans la maturité s'ouvre en trois quartiers, dans chacun desquels on voit plusieurs petites semences.

Des feuilles tout-à-fait singulières distinguent l'espéce de Violette représentée ici de toutes les autres espéces. Cette feuille semble, pour ainsi dire, se diviser en une fourche, et celle-ci est encore partagée dans de petites lobes courbées vers l'intérieur. Cette structure s'appelle à feuilles en forme de pieds.

Cette espéce de Violette tire son origine de la Virginie, et on ne la trouve, que fort rarement dans les jardins de l'Europe; elle a dans sa fleur beaucoup de ressemblance avec la Violette ordinaire, mais comme elle est plus grands et d'une teinture plus forte, elle donne plus dans la vue.

Hors de sa patrie ses semences parviennent rarement à la maturité; il faut tacher par consequent de propager la plante par ses racines fendues, qu'on met dans un terrain ombragé et situé vers le Nord; pendant l'hiver on fait bien de les tenir un peu couvertes.

Sempervivum monanthes.

LXXXVI.
SEMPERVIVVM MONANTHES.

Einblumiges Hauslaub. — *Dwarf Houseleck.*

Die gemeine Art des bey uns auf Dächern und Mauern wachsenden Hauslaubes unterscheidet sich bald von allen übrigen Gewächsen durch die in einen schuppigen Kreis aloëartig versammelten Wurzelblätter. Die Blüthen sind nicht minder, selbst den schönen Anstand weggerechnet, merkwürdig. Sie haben zwischen Staubgefäßen und Stempeln eine Reihe von sonderbaren Körpern, die gleichsam geborstene Stempel sind, und oft zugleich noch Staubbeutel an sich tragen.

Das Hauslaub ist nahe mit dem Mauerpfeffer verwandt. Am Grunde der Stempel stehen im Mauerpfeffer kleine Drüsen. Das Hauslaub scheint an ihrer Stelle jene Körper von sonderbarer Art zu tragen, die vielleicht eben so vergrößerte Drüsen sind, als die Blume des Hauslaubs selbst nur eine vielblättrige Vermehrung der fünfblättrigen Krone des Mauerpfeffers ist.

In der gegenwärtigen Pflanze, die auf den canarischen Inseln einheimisch ist, verbindet sich mit dem Blätterknaul ein einfacher Blumenstiel, dessen Blüthe fast mit bunten Blättchen erscheint, die an der Stelle der sonderbaren Körper stehen, und beynahe die eigentlichen Blumenblätter durch ihre Größe und Breite verdecken.

Zum Beweis, daß die Zahl der Blumentheile die Vermehrung einer andern sey, dient der Umstand, daß alle Theile in der Zahl häufig abändern.

Die Pflanze blüht im ganzen Sommer, wird durch Zertheilung vermehrt, im Sommer im Gewächshause gehalten, und am besten für den Winter in das warme Haus gebracht.

LXXXVI.
SEMPERVIVVM MONANTHES.

La Joubarbe à une fleur. — *Einblumiges Hauslaub* — *Dwarf Houseleck.*

La Joubarbe ordinaire qui croit chez nous fur les toits et fur les murs, fe diftingue de toutes les autres plantes par fes feuilles radicales, qui comme les Aloës font réunies en un cercle écailleux. Les fleurs n'en font pas moins remarquables, fans même avoir égard à leur port gracieux. Il j'y trouve entre les étamines et les piftils un grand nombre de organes finguliéres, qui font, pour ainfi dire, des piftils crévés, et qui fouvent portent en même tems des anthéres.

La Joubarbe eft très en rélation avec la vermiculaire âcre. Dans cette derniere plante il y a de petites glandes au fond des piftils; la Joubarbe au contraire porte à leur place ces organes finguliéres, qui peut-être font auffi bien des pareilles glandes groffies, comme toute la fleur de la Joubarbe n'eft autre chofe, que la couronne quinte feuille de la Vermiculaire, dégénérée en beaucoup de pétales.

Dans la plante préfente, qui d'ailleurs eft originaire des Isles Canaries, il j'éleve du peloton de feuilles une tige de fleurs toute fimple, dont la fleur eft remplie de feuilles colorées, qui fe trouvent à la place de ces organes finguliéres, dont il étoit queftion, et qui par leur groffeur et leur largeur couvrent presque entierement les véritables pétales.

Toutes les parties de la fleur changent fouvent dans le nombre, ce qui prouve évidemment, que le nombre des parties de la fleur eft toujours augmenté par un autre.

La plante fleurit pendent tout l'été, et on la propage en la divifant. Il faut même dans l'été la tenir dans la ferre, et dans l'hiver on fait bien de la mettre dans la ferre chaude.

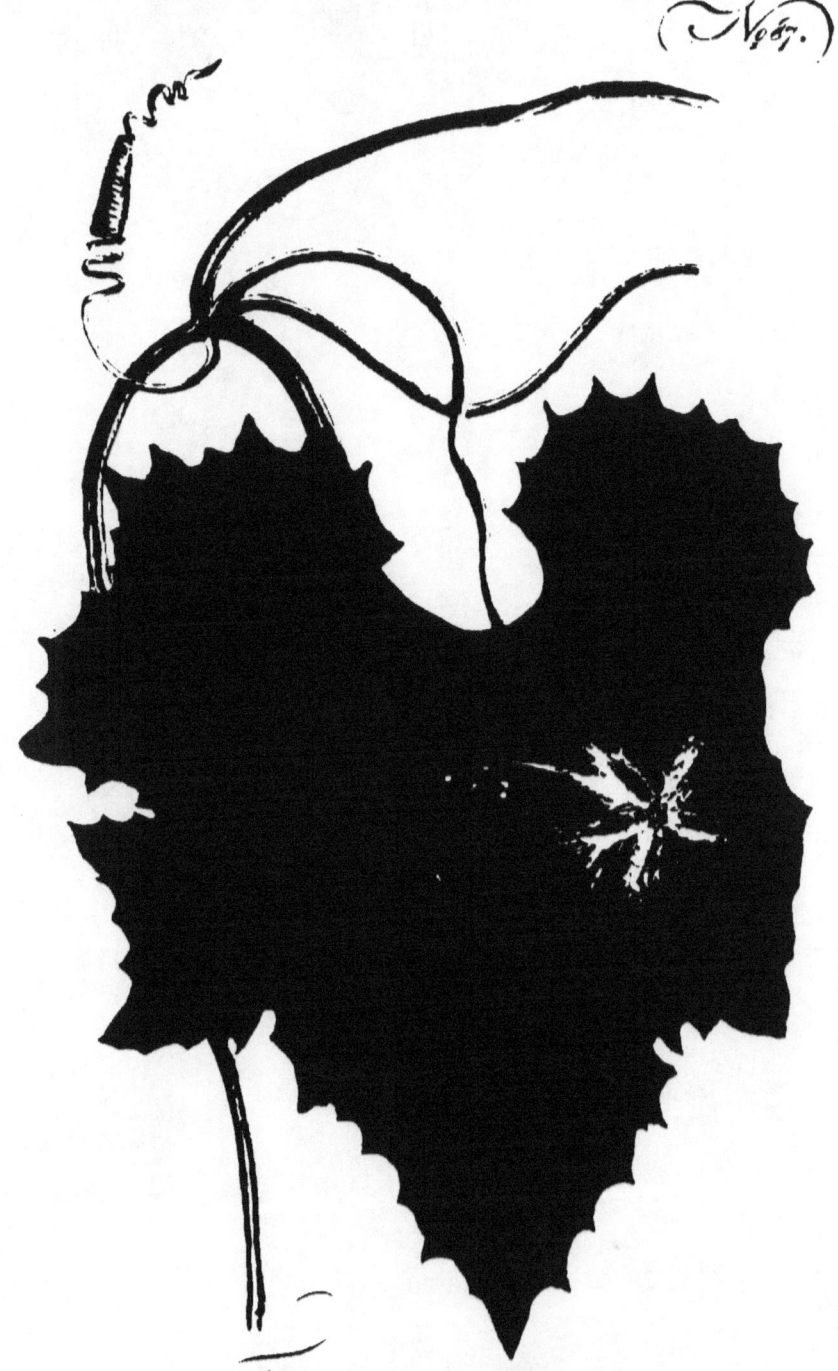

Trichosanthes anguina.

LXXXVII.
TRICHOSANTHES ANGVINA.

Chinefifche Haarblume. — *Chinefe Hair-Flower.*

Die kürbisartigen Gewächfe (*Fr. Bot. S. 166.*) erfcheinen meift, wie das gegenwärtige, mit einblättrigen, fünffach getheilten Blumenkronen, vielgeaderten, lappigen Blättern, fchlanken, faftigen Stengeln, und unterftützenden Gabeln. Die fchlangenförmige Bildung der Staubgefäffe bezeichnet fie zwar viel beftimmter, aber auch fchon das äuffere Anfehen ift felten bey diefer Verwandfchaft zu verkennen.

Zuweilen find die Blätter felbft, wie ihre Adern, und nach dem Gange derfelben zertheilt. Hier fieht man fie zwar mehr zufammen gezogen und gelappt, aber die Kronentheile find dafür auf eine feltne Art in haarförmige Adern zerfpalten. Einen ähnlichen Fall bemerkt man bey der auf feuchten Wiefen vorkommenden Kuckuksblume, und noch mehr an der Prachtnelke, die in den Wäldern wächft. Durch die fchöne weiffe Farbe wird die Haarblume auf dem abftechenden dunkelgrünem Grunde der Blätter ungemein verfchönert.

Die fadenförmigen Gabeln, welche neben den Blättern hervortreiben, und mit ihren Schraubenwindungen die Pflanze an nahe Gegenftände befeftigen, find nichts andres, als ganze Zweige, durch einen fchnellen Trieb gegen das Ende hin aller Seitenentwickelung beraubt. Daher findet man auch an manchen andern Gewächfen, dafs die Gabeln zuweilen ihre alten Rechte wieder bekommen, und Blüthen und Früchte tragen.

LXXXVII.
TRICHOSANTHES ANGVINA.

Le Trichosantes de la Chine. — *Chinesische Haarblume.*
— *Chinese Hair-Flower.*

Presque toutes les plantes cucurbitacées (*Fr. Bot.* p. 166.) ont, comme la présente, des couronnes monopétales, cinq fois divisées, des pétales renversées, et entourées de beaucoup de veines, des tiges effilées et succulentes, et des vrilles soutenantes. La structure spirale des étamines caractérise plus distinctement ce genre de plantes, mais déja à l'extérieur il est rarement à méconnoitre.

Quelques fois les feuilles elles mêmes sont divisées comme les veines, et selon la direction de ces dernieres. Ici on les voit plus serrées et renversées, mais par contre les parties de la couronne sont divisées d'une maniére tout à fait singuliére, dans des veines, semblable à decheveux. On remarque la même chose dans la giroflée des pres, et mieux encore dans l'oeillet sauvage, qui croit dans les forêts. La beauté du Trichosantes est considerablement rélevée par la couleur de la fleur, qui, étant d'un blanc brillant, contraste beaucoup avec le verd foncé de la feuille.

Les vrilles, qui poussent à coté des feuilles, et qui attachent la plante par leur tortillement spiral à des objets voisins, ressemblent par la forme à des fils, et ne sont autre chose, que des branches entieres, qui à force de pousser toujours en avant, ont perdu la faculté de se developper vers les cotés. Par cette raison on remarque dans plusieurs autres plantes, que souvent ces vrilles reprennent leurs droits originaires, et qu'elles poussent des feuilles, et portent même des fleurs.

Narcissus Bulbocodium

LXXXVIII.

NARCISSUS BULBOCODIUM.

Schmahlblättrige Bergnarziſſe. — *Hoop - Petticoat-Narciſſus.*

Wenn irgend eine Pflanze das allgemeinere Geſetz in der Natur der Thiere und Gewächſe, die **Verkleinerung eines ausgebildeten Theiles bey übermäſsiger Vergröſſerung eines andern**, deutlich erkennen läſst, ſo iſt es die gegenwärtige. Auf Unkoſten der ſechs Blumenblätter der Narziſſe iſt hier die Röhre, an welcher ſie angeheftet werden, zu einem auſſerordentlich groſſem Trichter erwachſen. Man kann nicht ſagen, die Blumenblätter erſchienen nur klein, weil der Trichter groſs wäre; der Trichter iſt ſelbſt **gegen das Verhältniſs der ganzen Pflanze unmäſsig groſs**, und das ganze Anſehen der Blumenblätter zeigt eine gewaltſame Veränderung.

Eine andre Merkwürdigkeit des Trichters beſteht in **ſeinem geraden Rande**. Bey andern Narziſſen iſt der Rand in drey, ſechs, und mehrere Lappen getheilt, und wir ſehen hier auſſer der ungewöhnlichen Vergröſſerung auch das ſeltne Schauſpiel einer gänzlichen geradrandigen Verwachſung (*Fr. Bot. S.* 59.).

Die Blume ſieht ſehr **regelmäſsig** aus, aber in den lilienartigen Blumen (*Fr. Bot. S.* 159.) findet man immer eine **Neigung zur ungleichen Stellung der Theile**. Hier ſieht man ſie deutlicher in den herabgebognen Staubgefäſſen, als in der Krone.

In **Portugall** iſt dieſe Narziſſe einheimiſch; ſie dient, wie andre Arten, zur Verzierung der Gärten.

LXXXVIII.

NARCISSUS BULBOCODIUM.

Lys Narcisse à feuilles étroites, ou Narcisse d'Automne. — Schmalblättrige Bergnarcisse. — Hoop Petti-coat-Narcissus.

Dans cette plante la loi générale de la Nature, qui s'étend sur les animaux aussi bien, que sur les plantes, et selon laquelle chaque aggrandissement exagéré d'une partie entraine le raccourcissement d'une autre, se trouve constatée le plus distinctement possible. Le tuyau du Narcisse s'est aggrandi prodigieusement et a gagné la forme d'un grand entonnoir, aux depens des six pétales, qui y sont attachées. On ne sauroit dire que les pétales avoient seulement l'air d'être petites, en les comparant avec la grandeur du tuyau, car ce dernier passe dans son accroissement toute la proportion avec la plante elle-même, et les pétales montrent au premier coup d'oeil une altération forcée.

Le bord uni de l'entonnoir est encore une chose remarquable. Dans d'autres espèces de Narcisses le bord est divisé en trois, quatre, six lobes et d'avantage; celle-ci au contraire nous présente outre son aggrandissement prodigieux, le rare spectacle, que toutes ces lobes se sont attachées ensemble en croissant, et ne forment qu'un seul bord absolument uni (*Fr. Bot.* p. 59.).

La fleur a l'air d'être très régulière, mais dans toutes les fleurs du genre des lys on decouvre un certain penchement à une position inégale des parties (*Fr. Bot.* p. 159.). Dans l'espèce présente on le remarque plus distinctement dans les étamines courbées, que la couronne.

Le Lys Narcisse croit dans le Portugal; on s'en sert, tout comme des autres espèces, pour l'embellissement des jardins.

LXXXIX.
STRELITZIA REGINAE.

Die königliche Strelitzie. — Canna-leaved Strelitzia.

Die hohen Wurzelblätter dieses herrlichen Gewächses bilden einen prächtig ausgebreiteten Busch; stolz erhebt sich zwischen ihnen ein schlanker Stengel mit einer feurigen Krone.

Der ganze Ausdruck trägt in Gestalt, Richtung und Farbe das Gepräge der Majestät, die, zugleich glänzend und bedeutungsvoll, im Gewächsreich selten ausser den heissen Erdstrichen erscheint.

Das Gewächs gränzt an die erhabnen Formen der Palmen, von denen manche, im Anfang ihres Emporgehens aus der Erde, dieselbe Bildung und Einfachheit ihres Blätterbusches zeigen. Aber weiterhin erheben sie sich mit einem mächtigen Stamme, den wir hier vermissen.

Näher schliesst es sich an den Pisang an, der nicht weniger krautartig, nur täuschend, durch die Verbindung seiner Blattscheiden, einen Baumstamm zu bilden scheint.

Am Stengel der Strelitzie sieht man blosse Blattscheiden, von denen nur die letzte sich in eine grosse Hülle verlängert, deren eigne Schönheit den Blüthen, die sie trägt, vollkommen entspricht.

Jede Blume hat drey brennend rothgelbe Blätter, und noch zwey andre von einem prächtigen Blau, deren eines kurz ist, das andre aber, pfeilförmig gebildet, die Staubgefässe enthält, die fadenartig über dasselbe hinausragen. Da sich diese Cap-Pflanze, die im Treibhause gehalten wird, nicht gut durch Wurzeln vermehren läst, auch in Europa keinen reifen Saamen giebt, so gehört sie zu den kostbarern Gewächsen, und ihr Preiss betrug überdem selbst am Cap gegen zwanzig Reichsthaler.

LXXXIX.
STRELITZIA REGINAE.

La Strelitzie royale. — *Die königliche Strelitzie.* — *Canna-leaved Strelitzia.*

Les longues feuilles radicales de cette plante magnifique forment un bouquet superbe et fort touffu; de leur milieu il s'élève fièrement une tige effilée avec une couronne de couleur de feu.

La forme, le port, et la couleur de la plante portent toutes ensemble l'empreinte de la Majesté, qui dans cette splendeur et cette expression vive ne se trouve que fort rarement dans le regne végétal hors de la Zone torride.

Elle peut être comparée avec les formes sublimes des Palmiers, dont plusieurs espèces, en poussant de la terre, ont absolument la même structure, et la même simplicité dans leur bouquet de feuilles. Mais dans la suite les Palmiers s'élèvent en tiges hautes et épaisses, et diffèrent en cela de la plante présente.

Elle a plus de ressemblance encore avec le Bananier, qui ne pousse pas moins comme un bouquet d'herbes, et ne forme une tige d'arbres avec tant d'illusion, que par le moyen des gaines de ses feuilles, qui croissent ensemble.

A la tige de la Strelitzie on remarque seulement des gaines de feuilles, et il n'y en a que la dernière, qui s'alonge dans une longue écale, dont la beauté répond à celle des fleurs qu'elle porte.

Chaque fleurs consiste en trois pétales de couleur de feu, et en deux autres d'un bleu magnifique; l'une de ces dernieres est courte, mais l'autre a l'air d'une flèche, et renferme les étamines, qui en sortent en forme de fils.

Cette plante est originaire au Cap de bonne espérance, et on la tient chez nous dans la serre. Comme il ne réussit guères de la propager par ses racines, et qu'en Europe ses semences ne parviennent pas à la maturité, elle est une plante extrêmement couteuse. Au Cap même on en demande un prix excessif, et il faut ordinairement la payer à raison de vingt ecus.

Arum trilobatum.

XC.
ARUM TRILOBATUM.

Dreylappiges Arum. — Three-lobed Arum.

In der vorigen Pflanze wurde die Blattbildung in der Nähe der Blumen zu einer ausgezeichneten Scheide verändert; hier geschieht es noch auffallender, da die Scheide in ansehnlicher Ausbreitung die Blätter vielmehr übertrifft, anstatt, wie es sonst zu geschehen pflegt, sich enger zusammenzuziehen.

Nicht weniger sonderbar, als die Scheide, ist die Blüthenkolbe, sie hat die Form eines Mäuseschwanzes, und ist nur am untern Ende mit ringförmigen Haufen von Geschlechtstheilen, ohne alle Dazwischenkunft von Kronen und Kelchen besetzt. Der obere Ring besteht aus Staubblüthen, von denen der Staub auf den untern Ring, welcher Stempel enthält, herabfallen kann (*Fr. Bot. S.* 65.). Auf dem übrigen langen Theile der Kolbe sieht man blos Eindrücke, wahrscheinlich Spuren eines daselbst nicht entwickelten Blumentriebes.

Die seltne dunkle Braunröthe, die sowohl die innere Seite der Scheide, als die darin befindliche Kolbe überzieht, dient überdem zur Zierde der sonderbaren Bildung. So schön aber die geöffnete Scheide aussieht, so haucht sie doch, wie die africanischen Stapelien, einen widrigen, und zwar mistartigen Duft. Bey den meisten andern Verwandten dieser Bildung ist die Scheide weiß, oder blaß.

Der mehlige Wurzelknollen hat viel ähnliches mit dem gemeinen europäischen Arum, dessen Verwandte, so wie diese ostindische Art, einige wenige ausgenommen, außer Europa, und in warmen Gegenden, zu Hause sind. Bey den meisten sind die Wurzeln, wie bey den eben genannten, von brennend scharfem Geschmack.

Das dreylappige Arum wird durch die Wurzeln vertheilt, und als eine Treibhauspflanze, oder im Gewächshaus, als eine der zärtlichern, behandelt.

XC.
ARUM TRILOBATUM.

Arum, ou Pièd-de-veau à trois lobes. — Dreylappiges Arum. — Three-lobed Arum.

Dans la plante précedente on a vû la forme des feuilles changée en une gâine très marquée vers le voisinage des fleurs; dans celle-ci la même chose a lieu, et encore d'une manière plus surprenante, car au lieu de se rétrecir, comme on le trouve communément, la gâine s'y étend et surpasse même les feuilles en grandeur.

L'épi de la fleur n'est pas moins singulier que la gâine; il a la forme d'une queue de souris, et ce n'est qu'à son bout inférieur, qu'il se trouve des parties de génération; elles l'entourent en forme de cercle, et il n'y a ni couronne, ni calice. Le cercle supérieur est composé d'Antheres, dont la poussière prolifique tombe sur le cercle inférieur qui contient les pistils (*Fr. Bot. p. 65.*). Sur tout le reste de l'épi il ne se trouve, que des impressions imparfaites, qui selon toute apparence sont les marques de jets de fleurs non developpés.

Cette structure singulière est très embellie par la couleur d'un brun foncé, qui couvre non seulement le coté intérieur de la gâine, mais aussi l'épi, qui se trouve dans son milieu. Mais malgré la beauté de cette gâine elle exhale, tout comme la Stapelie Africaine, une odeur desagréable, et comme de fumier. Dans presque toutes les autres plantes, qui par leur structure sont en rélation avec la présente, la gâine est blanche ou au moins très pâle.

Le tubercule farineux de la racine ressemble beaucoup à celui de l'Arum commun de l'Europe, dont presque tous les parens, à très peu près, ne sont originaires de l'Europe, mais de pays plus chauds, comme p. e. l'espéce présente, qui croit dans les Indes Orientales. Dans celli-ci, comme aussi dans presque toutes les autres espéces les racines ont un gôut àcre et brûlant.

L'Arum à trois lobes est propagé par les racines; comme il est une plante très délicate, il faut la tenir dans la serre chaude, ou au moins dans la serre.

XCI.
DORSTENIA CONTRAYERVA.

Contrayerve. — Contrayerua.

Die Blüthe und Frucht dieses südamerikanischen Gewächses hat so viel Ungewöhnliches, daſs man sich schwerlich auf den erſten Blick ihre Verwandſchaft mit der Feige einfallen läſst, deren Frucht von ganz gewöhnlicher Bildung zu seyn scheint, aber nicht weniger sonderbar iſt.

Die Frucht der Feige, die jedoch auch schon als Behälter der Blumen die Birngeſtalt zeigt, iſt einigermaaſsen mit der Rosenfrucht zu vergleichen, die blos ein birnförmiger Kelch iſt, und innwendig wahre Früchte enthält, die Saamenkörnern ähnlich sehen (*Fr. Bot. S. 77.*) Nur müſsen wir den Unterschied bemerken; die Rose iſt Eine einzelne Blume, aber die Feige enthält mit jeder Frucht auch eine Blume, die jene umgab. Sie iſt also nichts, als ein Blumenboden, gebildet wie ein Rosenkelch, oder eine Birn.

Denkt man sich die urnenförmig aufſteigenden Wände der Feige nach auſsen ausgebreitet, in einer offnen Fläche, so hat man den fleiſchigen Teller mit Blüthen, wie er bey der Dorſteniengattung vorkommt, und hier neben einem Blatte vorgeſtellt iſt. Selbſt die Anlage der einzelnen Früchte (c. d.), so eigen sie iſt, findet sich genau wie in der Feige.

Sonderbar genug ſtehen die männlichen Blüthen auf der Oberfläche der Scheibe (a) zwischen den Hügeln, unter denen die Früchte, wie in eignen Gewölben, im Fleische der Scheibe (b) verſteckt liegen. Diese Einſenkung der Blüthen iſt ungewöhnlich bey Gewächsen, deren Blumen selbſt noch den gewöhnlichen nicht unähnlich sind; eher findet sie sich, und auf eine bewundernswürdige Weise, bey denen Gewächsen, die bey der Kleinheit und fremden Bildung ihrer Blüthen leicht blüthenlos zu seyn scheinen, und von denen wir uns im Folgenden eine Ansicht verschaffen wollen (*Fr. Bot. S. 99.*).

XCI.
DORSTENIA CONTRAYERVA.

La Contra-yerva, ou Dorstenia. — *Contrayerve.*

Cette plante est originaire de l'Amérique méridionale; dans ses fleurs et dans son fruit on trouve tant de choses extra-ordinaires, qu'au premier coup d'oeil on auroit de la peine à decouvrir sa relation avec le figuier, dont le fruit paroit être d'une structure absolument ordinaire, mais qui cependant n'est pas moins singuliere.

Le fruit du figuier, dans lequel la châsse des fleurs represente déja la forme des poires, peut être comparé en quelque sorte avec le fruit du Rosier, dont seulement le calice a la forme de poires, et qui renferme dans son interieur des veritables fruits, semblables à des graines de semence (*Fr. Bot. p. 77.*). Il faut seulement faire remarquer la différence, que la Rose est une seule fleur, mais que la figue contient, outre le fruit, une fleur dont ce dernier a été entouré. Il n'est donc autre chose qu'un fond de fleurs, en forme d'un calice de roses ou d'une poire.

Si l'on se figure les cotés de la figue, dont l'élévation se fait en forme d'Urne, comme étant étendus dans une surface unie, ils représentent une assiette de chair chargée de fleurs, telle qu'on la trouve dans le genre des Dorstenia, et qu'on la voit représentée ici à coté d'une feuille. Toute la structure même des fruits, pris isolement, quelque singuliére qu'elle puisse paroitre, est absolument la même que celle qu'on voit dans la figue.

Il est encore très remarquable, que les fleurs mâles se trouvent sur la surface de l'assiette (a) entre les petits monticules, et que les fruits sont posés en dedans de la chair de l'assiette comme dans des caveaux particuliers. Cet enfoncement des fruits est très extraordinaire dans des plantes, dont les fleurs elles-mêmes ressemblent communément aux ordinaires; on le trouve plus souvent, et d'une maniere admirable, dans les plantes, qui par la petitesse et la structure étrangere de ses fleurs semblent être depourvues de fleurs, et que nous ferons connoitre à nos lecteurs dans la suite de cet ouvrage (*Fr. Bot. p. 99.*).

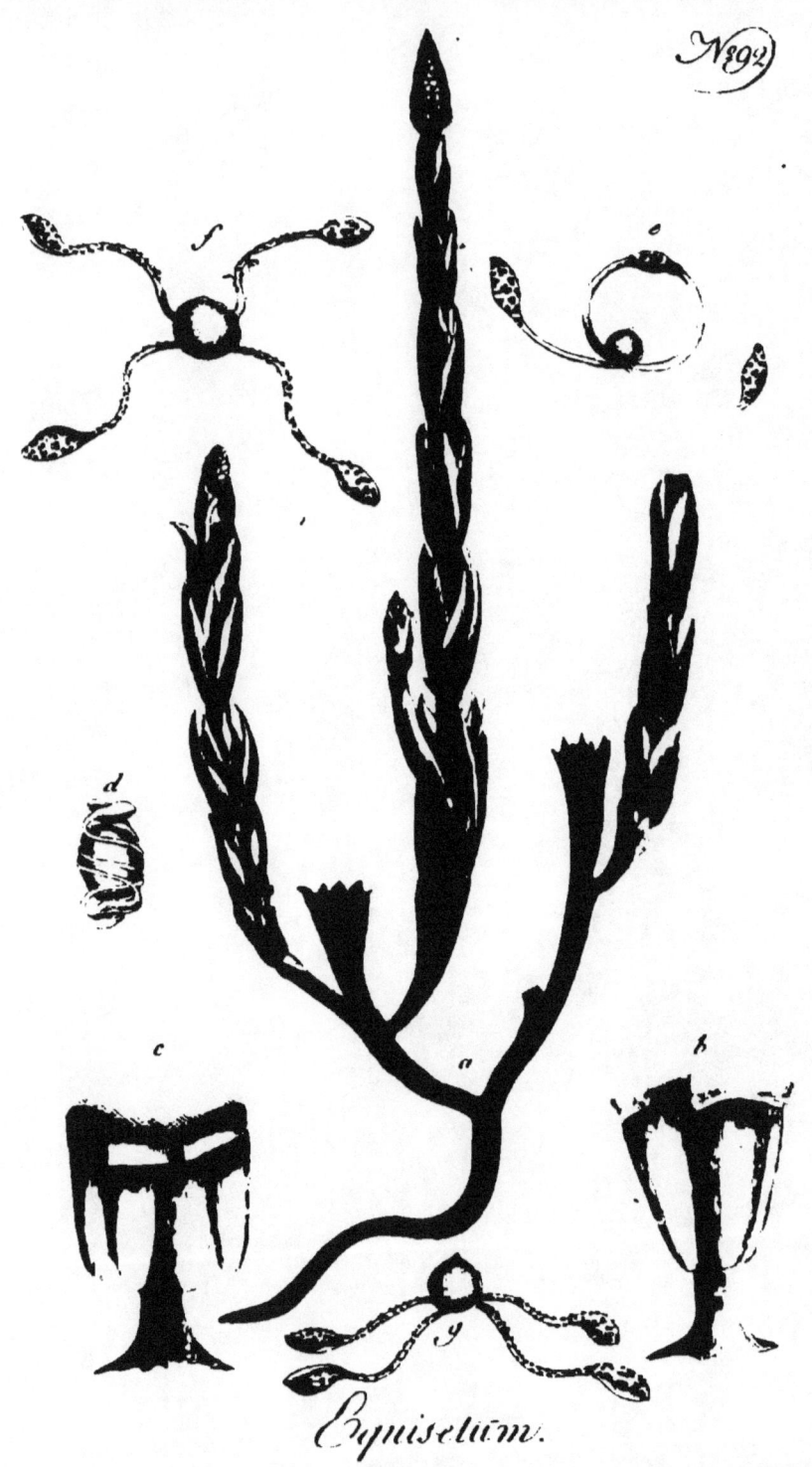

XCII.
EQUISETUM.

Schaftheü. — Horse-tail.

Die äusere Bildung dieses Gewächses, so eigen sie zu seyn scheint, ist doch nicht ungewöhnlich, und mehrere spargelartig vorsprossende Arten stimmen mit ihm überein. Die dichten Trauben oder Aehren an den Enden der Zweige lassen auch sogleich die Blüthe, aber nimmermehr ihre höchst merkwürdige Einrichtung errathen.

Die Blüthenkolben sind mit dicht aneinander schliessenden eckigen Schilden bedeckt. Bey mehrerer Reife klaffen die Schildchen, und man kann ein grünes, wolliges Mehl aus den Kolben heraus schütteln. Haucht man dies Mehl an, so fährt es in kleinere Klumpen zusammen, beym Austrocknen quillt es auf, und bey geringer Vergrösserung sieht man ein tanzendes Gewirre von Fäden.

Leichter ist die Einrichtung der Behälter zu sehen, die das Mehl enthalten. Unter jeder eckigen Schuppe (b. c.) legen sich etliche hohle Klappen an den Träger des Schildchens an, sie enthalten das Mehl, und gehen auseinader (c), wenn es zum Ausfallen reif ist.

Aber mit einer starken Vergrösserung erkennt man die wahre Beschaffenheit des Mehls. Von den Körnern, die dem blosen Auge unsichtbar, und wohl nichts andres als die jungen Früchte sind, hat jedes vier staubtragende, löffelförmige Fäden an sich, die sich im Zustande der Feuchtigkeit eng um das Korn herumwinden (d), und sich, wenn das Feuchte verdunstet, elastisch von ihm zurückschnellen (e — g.).

XCII.

EQUISETUM.

Prêle. — Horse-tail.

La forme extérieure de cette plante, toute singuliere qu'elle paroit, n'a rien d'extraordinaire; c'est celle de plusieurs autres espèces qui montent en tige à la manière de l'asperge. Les grappes serrées ou les épis qui paroissent aux extrémités des rameaux font d'abord deviner la fleur; mais ils ne sont nullement en deviner la structure très-remarquable.

Les masses des fleurs sont convertes de petits boucliers angulaires qui joignent bien. La maturité étant plus avancée, ces petits boucliers s'entre-ouvrent, et l'on peut secouer de ces masses une farine verte et laineuse. Un souffle lâché sur cette farine la réduit en tas plus petits; en séchant elle se gonfle, et un microscope mediocre y fait voir un brouillement de filets sautants.

La structure des réceptacles qui renferment la farine se découvre plus facilement. Sous chaque écaille angulaire il y a plusieurs valvules creuses (b. c.) qui s'attachent au support du petit boucliers; ces valvules renferment la farine, et se séparent (c) quand elle a assez mûri pour tomber.

Un microscope qui grossit fort fait appercevoir la forme de grains dont cette farine est composé. De ces grains invisible à l'oeil nud, et qui ne sont apparement autre chose que les jeunes fruits a chacun quatre fils en forme de cueiller, qui portent de la poussiere, et qui en etat d'humidite s'entortillent étroitement autour de ce grain (d), et en réjaillissent d'une manière élastique, après que l'humidité s'est evaporée (e—g).

Asplenium Scolopendrium

XCIII.
ASPLENIUM SCOLOPENDRIUM.

Hirschzunge. — *Hart's-tongue.*

Aus Irrthum scheint diese Pflanze hier ihren Platz zu haben, so ähnlich ist das Blat den schönsten, die uns nur immer blumenreiche Gewächse zeigten. Aber es ist nur Schein.

Unser Gewächs hat aufser diesen Blättern, so wie seine übrige Verwandten, keinen Stamm, wenn man nicht den Blattstiel dafür gelten lassen will. Blüthen würde man aufser diesem Blatte vergebens suchen. Auf seiner blässern Rückenseite, wo, wie gewöhnlich, die Mittelader mehr hervorragt, bilden sich zuerst weifsliche Flecken, die nach und nach aufschwellen, und endlich, wenn ihre Haut aufplatzt, Haufen von zarten braunen Körnern zurücklassen, die wahre Fruchtkapseln sind, und in sich die Saamen enthalten. Gewächse dieser Art nennt man Farrnkräuter (*Fr. Bot. S.* 168.); da ihr Blattstiel sich gern zu bräunen pflegt, und zuweilen sehr zart ist, so nennte man sie auch Haarkräuter, und von ihrer Beymischung erhält ein bekannter Syrup (capillaire) seinen Namen.

Sie wachsen gern in grofsen düstern Wäldern, sind in Indien am häufigsten, und mannigfaltigsten, zeigen prächtige Formen, auch, wie das gegenwärtige gekräuselte, eigne Ausartungen, und sind zum Theil sehr nutzbar.

XCIII.
ASPLENIUM SCOLOPENDRIUM.

Scolopendre. — *Hart's - tongue.*

C'eſt par mépriſe que cette plante paroit placée ici, telle eſt la reſſemblance de la feuille avec les plus belles de toutes celles que nous ont jamais montrées les plantes fleuriſſantes ; mais ce n'eſt que de l'apparence.

La plante de même que ſes affinités, n'a pour tige que ces feuilles, à moins qu'un ne compte pour telle le pédicule. Pour les fleurs, envain y en chercherions nous d'autres que cette feuille. A l'envers plus pale, où comme à l'ordinaire avance plus la veine du milieu, il vient à ſe former des taches blanchâtres, qui ſe gonflent peu à peu et ayant crévé laiſſent à leur place des maſſes de grains tendres et bruns, qui ne ſont autre choſe t que les boîtes qui renferment les ſémences.

Les plantes de cette eſpèce ſe nomment fougères (*Fr. Bot. S.* 168.). Comme leur pédicule aime à ſe brunir et qu'il eſt quelque fois très - fin, on les a auſſi nommées capillaires, et le ſyrop bien connu qui en eſt mêlé, en a tiré le nom (capillaire).

Elles s'aiment dans les forêts grandes et ſombres, et ſe trouvent en plus grande quantité et diverſité, dans les Indes ; elles ſe préſentent en formes ſplendides, et comme celle - ci en variétés friſées et bien ſingulières ; auſſi ſont - elles en partie d'une grande utilité.

Musci.

XCIV.
MUSCI.

Laubmoose. — Mosses.

Die Laubmoose (*Fr. Bot. S.* 168.) entfernen sich zwar durch ihre Kleinheit merklich weiter, als die Farrnkräuter, von den übrigen Gewächsen. Allein, auserdem, daß man selbst unter diesen einzelne Ausnahmen findet, die offenbar eine moosartige Kleinheit zeigen, so scheinen die Laubmoose durch ihre **grünen Prachtgestalten**, die dem aufmerksamen und bewaffneten Auge nicht entgehen, und durch die **künstliche Bildung ihrer Blüthen und Früchte**, noch zuletzt aufs nachdrücklichste an die gewöhnlichen und vollkommnern Pflanzen zu erinnern.

Was man die **Blüthe der Moose** zu nennen pflegt (a), ist eigentlich die **Frucht**, die sich meist auf einem **langem Faden** erhebt, und oft, wie hier, mit einer schiefen, häutigen **Kappe** bedeckt ist. Unter der Kappe liegt der **Deckel der Fruchtbüchse**, deren Rand nach abgefallenem Deckel in den meisten Fällen mit einem schönen **Gebräme** (e), das den Deckel eigentlich abstiefs, verziert ist.

In der **Blüthenknospe** sitzen mehrere **Stempel** (c) nebeneinander, von denen gewöhnlich nur einer, mit Verkümmerung der übrigen (d), sich auf einer Säule während der Reife erhebt, und von der nun ausgetrockneten Röhre, die von ihm in der Blüthe (c) ausging, wie von einer Kappe bedeckt wird. Die **Staubgefäfse** (b. m.) werden, wie die Stempel (c. l.), von besondern **gegliederten Fäden** begleitet. Jede Moosart hat, wie ein andres Gewächs, ihren bestimmt gebildeten **Saamen**, der ebenfalls ausgesät werden kann (f).

Die noch hier beygefügten Figuren eines eigenen Mooses (g — m), das wohl nichts als eine durch Geschwulst und Verkümmerung gebildete Abänderung seyn mag, zeigen, daß die Ausartungen selbst noch unter mehrern Familien der cryptogamischen Gewächse vorhanden sind.

XCIV.
MUSCI.

Mousses. — Mosses.

La petitesse des mousses (*Fr. Bot. S.* 168.) s'éloigne à la vérité de celle des autres plantes d'une manière plus marquée que celle des fougères; mais sans considérer les exceptions individuelles qui se trouvent même parmi le reste des végétaux, et qui font clairement voir la même petitesse, songeons que les formes brillantes des mousses vetues de verdure, et exposées à tout oeil attentif et armé, ainsi que la formation artificielle de leurs fleurs et de leurs fruits, nous frappent à la fin du souvenir des plantes ordinaires et parfaites.

Ce que l'on nomme ordinairement fleur de mousses (a) n'est autre chose que le fruit qui s'élève pour la plupart sur un long fil souvent couvert d'une coëffe oblique et membraneuse. Sous cette coëffe se trouve le couvercle d'une boîte de fruit, ordinairement ornée d'une belle bordure (e) qui se fait voir après avoir détaché le couvercle.

Dans le bouton de la fleur il y a plusieurs pistils l'un à côté de l'autre (o). Ce n'est ordinairement qu'un seul qui au terme de la maturité couvert du tuyau enfin desséché, lequel en sortoit pendant la fleuraison (e), s'élève sur une colonne au préjudice des autres. Les étamines (b. m.) sont accompagnées de certains fils articulés (c. l.) comme les pistils. Chaque espèce de mousses a, comme toute autre plante, une semence d'une forme déterminée, et peut par conséquence être semée tout de même (f).

Les figures ci-jointes d'un mousse singulier (g — m.), apparemment estropié par des tumeurs et des retiremens, prouvent que les dégénérations ont lieu même parmi plusieures familles des plantes cryptogamiques.

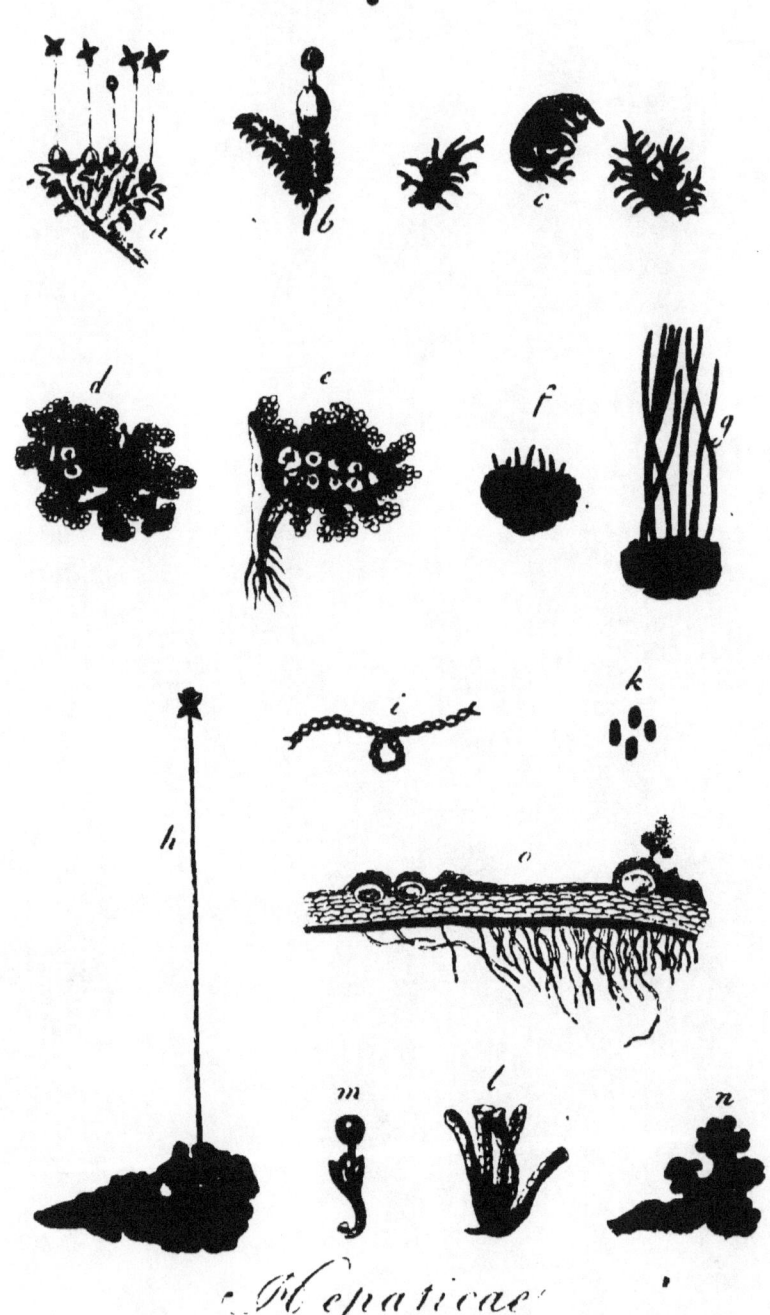

Hepaticae

XCV.
HEPATICAE.

Lebermoose. — *Hepatic-Mosses.*

Unverkennbar sehen wir hier die sonderbaren Stempel der vorigen Moose (1), die Säule, auf der sie sich beym Reifwerden erheben (a. b. d. m. h.), und die hornartige braune Substanz der Früchte. Die Pflänzchen sind ebenfalls lebhaft grün, wie die vorigen; sie wachsen bey jenen, und zwischen ihnen, einerley Wohnort schickt sich für beyde.

Aber sie bezeichnen die Stelle, wo das Gewächsreich im Begriff ist, sein schmückendes Grün, seine fröhlichen Blattgestalten zu vergessen. Die grüne Farbe ist zwar noch vorhanden, aber schon entwickelt sich weniger (a — c) oder mehr (d g. h. n.) eine Blätterbildung, bey der sie verschwinden, und die sich selbst in blattlose Gestalten auflösen wird. Blatt und Stengel wachsen immer mehr zusammen, und das Blatt, dessen Masse drüsig ist, erhält durch seine lappige Form eine Aehnlichkeit mit dem Eingeweide der Leber, wovon diese Verwandtschaft, zum Unterschied von voriger (*Fr. Bot. S.* 169.), ihren Namen erhielt.

Auch selbst die Theile der Fortpflanzung sind verändert. Die Früchte springen nicht in die Quere, sondern der Länge nach, in zwey (g) oder mehrere Klappen auf (a. h.). die Saamen (k) werden in der Frucht von elastischen Bändern (i) umwunden, die ihre Ausstreuung begünstigen.

Die befruchtenden Theile, die in den vorigen Moosen noch freyen Staubfäden ähnlich waren, ziehen sich nun, wie Drüsen, unter die Oberfläche der Blätter zurück (e. n. o.).

XCV.

HEPATICAE.

Hépatiques. — *Hepatic Moſſes.*

Nous ne ſaurions m'connoître ici, ni les piſtils ſinguliers des mouſſes précédens (1), ni la même colonne d'où ils s'élèvent en muriſſant (a. b. d. m. h.), ni la même ſubſtance brune et corneuſe des fruits. Les petites plantes ſont d'un verd vif de même que les précedentes. Les unes et les autres croiſſent pêle mêle enſemble; le même ſol convient a l'une et à l'autre eſpèce.

Mais voici le terme d'où le monde végétal va oublier à ſe parer de verdure et de feuilles. Le verd paroît encore, cependant il ſe développe déja plus (d – g. h. n.) ou moins (a c.) une forme de feuilles où il va s'évanouir, et qui va ſe perdre même en formes eſfeuillées. La feuille et la tige vont de plus en plus ſe joindre, et la feuille lobeuſe dont la maſſe eſt glanduleuſe, prend quelque reſſemblance avec le viſcère de la foie dont cette affinité a tiré le nom qui la diſtingue de la précédente (*Fr. Bot. S.* 169.).

Même les parties de la propagation ont changé de nature. Les fruits ne ſe fendent pas au large, il ſe crèvent au long en deux (g) où pluſieurs valvules (a. h.); des bandes élaſtiques renfermées dans le fruit paroiſſent en entortillant les ſémences (i) comme autant de reſſorts qui aident à les répandre.

Les parties fécondantes, ſemblables à des étamines libres dans les mouſſes précédentes ſe rétirent dans celles-ci comme des glandules ſous la ſurface des feuilles (e. n. o.).

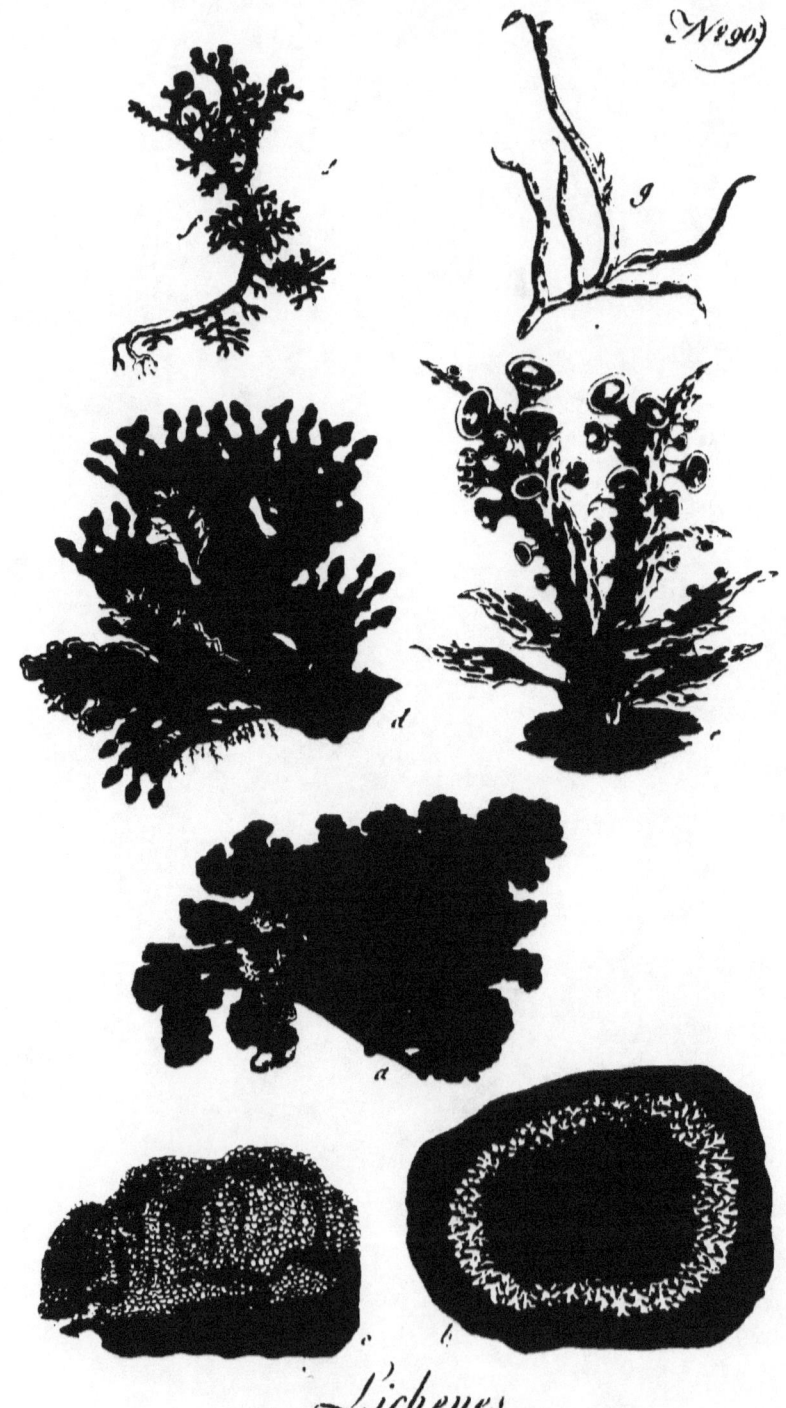

Lichenes

XCVI.
LICHENES.

Flechten. — *Lichen's.*

Hier sehen wir die entscheidende Stelle, wo in einer zusammenhängenden Verwandtschaft die noch übrige Blattbildung allmälig aufgehoben wird, um in der ganzen noch zu erwartenden Reihe von Gewächsen nicht wieder zu erscheinen.

Die lederartigen, schon durch ihr ganzes Ansehen von andern abweichenden Gewächse, die wir hier vor uns sehen, und deren Arten so häufig und mannigfaltig auf Steinen, auf der Erde, auf Bäumen u. s. w. vorkommen, lassen uns hauptsächlich zwey Theile an sich bemerken, das Blatt, und die Warzen, oder Schüsselchen, die es trägt. Was diese letztern betrifft, so sind sie die sonderbaren Blüthen- und Fruchtbehälter, an die wir uns bey einer sehr schicklichen Gelegenheit (Nr. XCVIII.) wieder erinnern wollen, wenn wir Schwämme betrachten, die nur einzelne solche Schildchen zu seyn scheinen, und eine Einrichtung haben, die der in diesen Schüsselchen einigermaafsen ähnlich ist.

Die Blattgestalt ändert sich in der Gattung der Flechten, in einigen Hunderten von Arten, auf das vielfachste ab. Die Hauptstufen dieses Ueberganges sehen wir auf der hier beygefügten Tafel abgebildet.

Die Schüsselchen sind bey den laubähnlichen Arten (a) an breiten, grofsen Blättern befindlich. Aber dieses Blatt zieht sich in andern auf eine doppelte Weise zurück. Das Blatt wird entweder durch die überhandnehmende Menge der Schüsselchen verdrängt (b), so, dafs sich endlich (c) alle Spur von ihm verliert; oder es wird schmäler, streckt sich in die Länge (d. e), bis zuletzt alle Blattgestalt an dem lang gezogenen Stengel verschwindet (f. g.), und die Einfachheit des Ganzen sich offenbar an die geweihförmigen oder trichterartigen Schwämme anschliefst.

XCVI.
LICHENES.

Lichens. — *Lichen's.*

Voici le terme d'où dans une fuite d'affinités ce qui exifte encore de la forme feuillée, va fe perdre de plus en plus, jus qu' à s'evanouir totalement, et fans reparoître jamais dans tout le refte fuivant du monde végétal.

Ces plantes coriaces d'un air bien différent de celui des autres, et qui fe préfentent en efpèces bien nombreufes et variées fur les pierres, à terre, aux arbres etc. nous font voir deux parties principales, favoir la feuille et les verrues ou les petites écueilles qu'elle porte. Quant aux dernieres, ce font les réceptacles bien finguliers des fleurs et des fruits, dont nous nous fouviendrons bien, à propos de Nr. XCVIII. où nous obferverons des champignons qui paroiffent comme autant de petits boucliers, et qui font en quelque forte d'une ftructure femblable.

La forme de la feuille eft très-variée dans quelques centaines d'efpèces de Lichens. La table ci-jointe repréfente les gradations principales de ce changement.

Dans les efpèces à forme de feuillage (a) les petites écueilles fe trouvent à des feuilles larges et grandes; mais dans quelques autres cette feuille fe rétire en deux manières; ou c'eft l'accumulation des petits plats qui fait de plus en plus difparoître la feuille (b), de forte qu'à la fin en evanoiffent les moindres veftiges; ou elle perd en largeur et gagne en longueur (d. e.) jus qu'a changer fa forme en celle d'une tige allongée (f. g.); c'eft alors que la fimplicité de l'enfemble va vifiblement fe joindre à la fuite des champignons rameux, ou de ceux à forme d'entonnoir.

No 97.

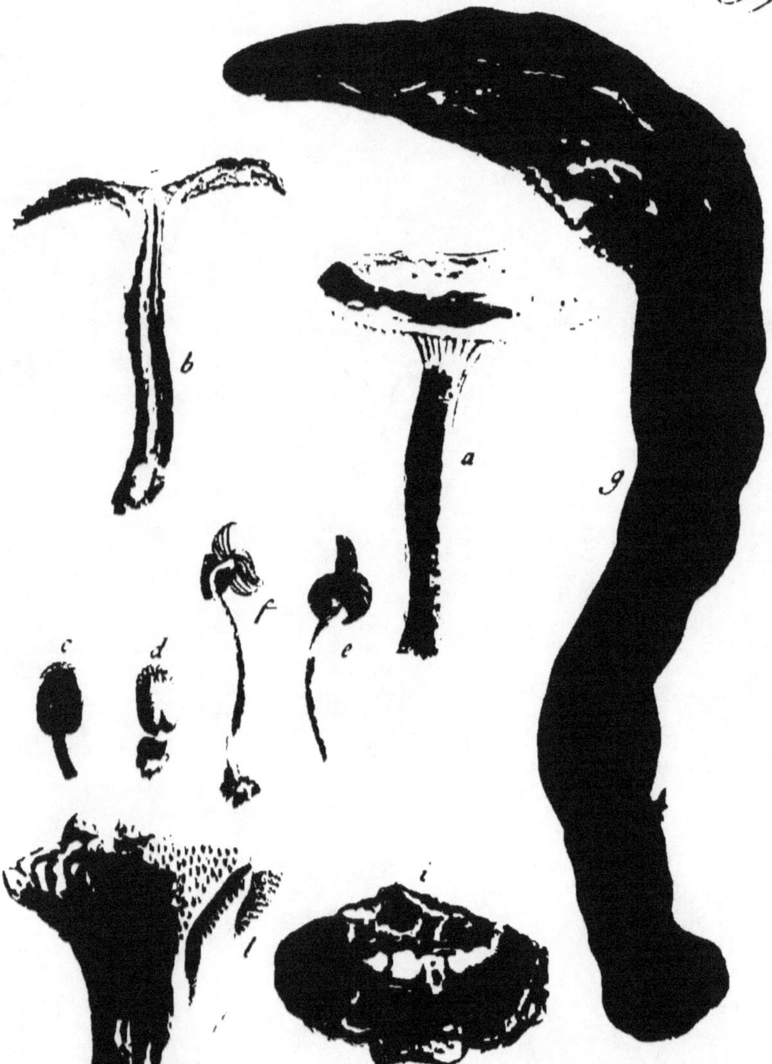

Agarici Boleti Hydnum.

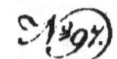

XCVII.
AGARICI, BOLETI, HYDNUM.

Blätterschwämme, Löcherschwämme, und ein Stachelschwamm. Agaric's, Boletus's, Hydnum.

Die Schwämme haben gar keine Blätter, sie sind fleischige, höchst vielfach abgeänderte Gestalten (*Fr. Bot. S. 169.*). Die Natur scheint bey ihnen gar keine Regel mehr zu kennen, sondern sich vielmehr, wie es dem flüchtigen Beobachter vorkommt, das ungebundenste Spiel zu erlauben.

Indeſs ihr Geſetz der ſchönſten Ordnung und Abſtufung dauert fort. Auch hier bilden ſich Gattungen und Verwandtſchaften aus Arten, die bey ihrer Einfachheit und Sonderbarkeit ſchwer zu beſtimmen, aber nicht weniger als andre unveränderlich ſind.

Mehrere Schwammgattungen bilden einen waſſerrechten, halbirten, ſtielloſen (h — k.), ſeitwärts, oder verſchieden auf einem Stiele (a — g. l.) befeſtigten Hut. Der Saamenſtaub iſt erſt dann dem Auge ſichtbar, wenn er von dieſem Hute auf eine anders gefärbte Fläche gefallen iſt. Man ſieht ihn da als den feinſten Reif, aber eine ſtarke Vergröſserung zeigt die einzelnen Körnchen, aus denen er beſteht.

Die Saamen liegen hier in einer feinen Oberhaut, und zwar auf der Unterſeite des Hutes. Dieſe Haut bildet ſtrahlende Falten bey den Blätterſchwämmen (a — f.), Röhren, die mehr oder weniger deutliche Punktöffnungen haben, bey den Löcherſchwämmen (g - k.), vorragende Zapfen bey den Stachelſchwämmen (l).

Entwickelung, Farbe, Bildung, Oberfläche, wie verſchieden ſchon bey den wenigen, die hier abgebildet ſind, wie viel mehr in der Natur ſelbſt, die z. B. von den Blätterſchwämmen allein wahrſcheinlich auf tauſend Arten enthält?

XCVII.
AGARICI, BOLETI, HYDNUM.

*Champignons feuilletés, Cépe's, et un Urchin. —
Agaric's, Boletus's, Hydnum.*

Les agarics et les champignons n'ont point de feuilles. Ce sont des formes charnues et très-variées (Fr. Bot. S. 169.), où aux yeux d'un observateur peu exact la nature sembleroit se plaire à un jeu, qui ne suit aucune régle. Cependant la loi du plus bel ordre et des gradations les plus justes ne discontinue point; c'est même ici que des genres et des affinités se forment des espèces non moins invariables et fixes que le reste, mais difficile à déterminer à cause de leur simplicité et de leur singularité.

Plusieurs espèces d'agarics et de champignons forment la moitié d'un chapeau horizontal sans tige (h — k), ou obliquement ou différemment attaché à une tige (a — g. l.). Ce n'est que la poussiere de la sémence tombée de ce chapeau sur un endroit autrement coloré qui paroît aux yeux; alors on l'y voit comme la bruine la plus fine; mais un bon microscope fait distinguer les petits grains dont elle est composée.

Les sémences sont renfermées ici dans une peau extérieure et très-fine, sur le côté inférieur du chapeau. Cette peau forme des plis rayés dans les agarics et champignons feuilletés (a — f); des tuyaux pointillés des ouvertures plus ou moins marquées dans les cèpes (g — k.): et des chevilles avançantes dans les Urchins et dans les Erinaces.

Le petit nombre de plantes que voici, quelle variété ou développement, de la couleur, de la forme, de la surface n'exposent-elles pas à nos yeux? Mais cette variété quelle doit-elle être dans la nature même, qui contient probablement environ mille espèces de seuls agarics et champignons feuilletés?

Pezizae Clavariae.

XCVIII.
PEZIZAE, CLAVARIAE.

Becherschwämme., Keulenschwämme. — Peziza's.
Clavaria's.

Die Huthform der Schwämme erscheint hier wieder (d - n.), nur mit dem Unterschied, dafs die fortpflanzenden Theile nicht auf der untern, sondern auf der obern Fläche stehen. In beyden Fällen pflegt aber meist die schon bemerkte feine Haut der saamentragenden Fläche im Anfang hohl zu seyn (d. e. g. h.), und sich erst bey der Reife der Saamen mehr auszubreiten (f. g.), oder gar zurück zu schlagen (h); sie enthält höchst zarte, nur dem sehr bewaffneten Auge sichtbare, meist achtsaamige Fruchtbälge, aus denen sie zuweilen eine sichtbare Dampfwolke von sich stöfst. Oft ist über der Höhlung des Schwammes eine Haut (l), ehe die Saamen reifen, ausgespannt, in der vielleicht die befruchtenden Theile befindlich sind.

Eine höchst seltne Art von Fortpflanzung zeigt sich bey gewissen becherförmigen Schwämmen, die gleichsam lebendig gebährend sind (n), und grofse Körner von sich geben, die schon selbst Schwämme sind, und sich auf dieselbe Art nach und nach ausbilden (i — m.).

Wenn der zurückgeschlagene, oben saamentragende Huth dicht mit dem Stiele verwächst (a), so entsteht die Bildung eines Mörserstempels; fliefst der Huth mit dem Stiele zusammen, über den sich nun auch die Saamenhaut ausbreitet (b), so sehen wir die Form einer Keule; theilt sich ein Schwamm der letztern Art in Zweige (c), so bilden sich Corallformen, wie bey manchen Flechten (Nr. 96). Alle diese Schwämme hat man Keulenschwämme genennt; eine hier abgebildete Art (a) läfst einen sehr bestimmten Wohnort bemerken. Sie wurzelt hauptsächlich auf todten Insectenpuppen.

XCVIII.
PEZIZAE, CLAVARIAE.

Peſiſes, Clavaires. — Peziza's, Clavaria's.

La forme des champignons à chapeau reparoit (d — n). mais les parties propagantes ont changé de place; elles ne ſe trouvent pas ſur le côté inférieur, elles ſont placées ſur le ſupérieur. Dans l'un et l'autre cas la peau fine deja mentionnée eſt pour la plûpart creuſe au commencement (d. e. g. h.).

Ce n'eſt ordinairement qu'au terme de la maturité des ſemences qu'elle s'élargit (f. g.) ou même ſe réplie (h); elle renferme des folliculcs très-tendres, ſeulement viſibles à l'oeil bien armé; de ces folliculcs pour la plûpart à huit graines de ſemences elle pouſſe quelquefois une nuée de vapeur. Avant que mûriſſent les ſemences il y a ſouvent une peau étendue ſur la cavité du champignon où ſe trouvent peutètre les parties fécondantes.

Une eſpèce de propagation très-rare ſe montre dans quelques peſiſes pour ainſi dire vivipares (n); ils ſont de gros grains qui ſont des champignons eux-mêmes et ſe développent par degrés de la même manière (i — m.).

Le chapeau réplié portant les ſemences ſur la partie ſupérieure et ſe joignant étroitement à la tige (a) forme avec celle-ci un pillon; le chapeau ſe perdant dans la tige ſur la quelle ſétende même la peau des ſemences (b) nous repréſente la forme d'une maſſue; un champignon de cette ſorte qui ce fend en rameaux fait naître des formes à coraux à le manière de pluſieurs eſpèces de lichens. A tous ces champignons on a donné le nom Clavaires; l'eſpèce que voici (a) a une demeure bien fixée; c'eſt ſur les nymphes mortes qu'elle aime ordinairement à prendre racine.

Lycoperda

XCIX.
LYCOPERDA.

Staubschwämme. — *Puff-ball's.*

Diese Schwämme folgen einem andern Gesetz, als die vorigen. Ihre Saamen liegen nicht in Behältern einer äufsern Haut, sondern sie füllen eine grofse, viel mehr in die Augen fallende Höhle, die eigentlich selbst jeden einzelnen Schwamm ausmacht (a — d. h. i.), und kein Theil eines Ganzen ist, selbst wenn mehrere zusammengehäuft (f. g. k - m.) erschienen.

Gewöhnlich ist der Saamenstaub mehlig, und fällt aus; bey einigen, die man auch unterschieden hat (k — m.) ist er breyig, und dringt in ganzen Massen (l. m.) aus den Höhlen hervor.

Auch hier sind die Umstände so verschieden, wie bey andern Schwämmen. Die gegenwärtigen wachsen aus der Erde (a), oder hängen kaum durch eine Wurzel mit ihr zusammen (b); andre wachsen auf frischen (h. i.) oder auf todten Gewächstheilen (f. g.) Am sonderbarsten sind die, deren Staubkopf in einer Hülle, gleichsam in einem Eye liegt, das sich auf seinem Scheitel in mehrere Lappen spaltet, die sich, wie Strahlen eines Sternes um den Staubkopf ausbreiten, oder ihn gar, wie hier (c), indem die innere Haut des Sterns in die Höhe schnellt, auf einer Strahlenglocke emportragen.

Weniger auffallend, aber merkwürdiger sind die zahlreichen Arten, die sich bestimmt, wie Bandwürmer, oder Finnenwürmer in den Thieren, unter der Haut von Gewächsen entwickeln, wie hier unter der Haut eines Blattes (k —m.), und fast den Pflanzen eben so angebohren sind, als jene den Thieren (*Fr. Bot. S.* 126.).

XCIX.
LYCOPERDA.

Vesseloup's. — Puff-ball's.

Ces Champignons suivent une autre loi que les précédentes. Leurs sémences ne se gardent pas dans des réceptacles d'une peau extérieure; elles remplissent une grosse cavité plus visible, dont chaque champignon particulier est composé, et qui ne fait jamais partie d'un tout (a - d. h. i.) quand même il y en a une assemblage de plusieurs (f. g. k m.).

La poussière de la sémence est ordinairement farineuse et tombe; il y a des espèces déjà remarquées et distinguées (k — m.) des autres, où ayant la consistance d'une bouillie elle perce les cavités en masses entières (l. m.).

C'est même ici que les circonstances diffèrent comme dans les autres champignons. Ceux - ci sortent de la terre (a), ou communiquent à elle à peine par une racine (b); il y en a d'autres qui croissent sur les parties mortes (f. g.) ou vivantes (h. i.) des végétaux. Les plus singulières sont ceux, où le bouton contenant la sémence se renferme dans une enveloppe, comme dans un oeuf, dont le sommet se fend en plusieurs lobes qui se répandent autour de ce bouton comme autant de rayons d'une étoile, ou qui même comme ici (c la peau intérieure de l'étoile s'étant élancée le portent en haut sur une campane de rayons.

Moins frappantes mais plus remarquables sont les espèces nombreuses qui justement comme les vers solitairs ou comme les vermines qui sont les grains de lèpre dans les animaux, se développent sous la peau des plantes, comme ici sous elle d'une feuille (k — m.); espèces à peu près aussi naturelles, et, pour ainsi dire, aussi innées aux plantes, que ceux - là aux animaux (*Fr. Bot. S.* 126.).

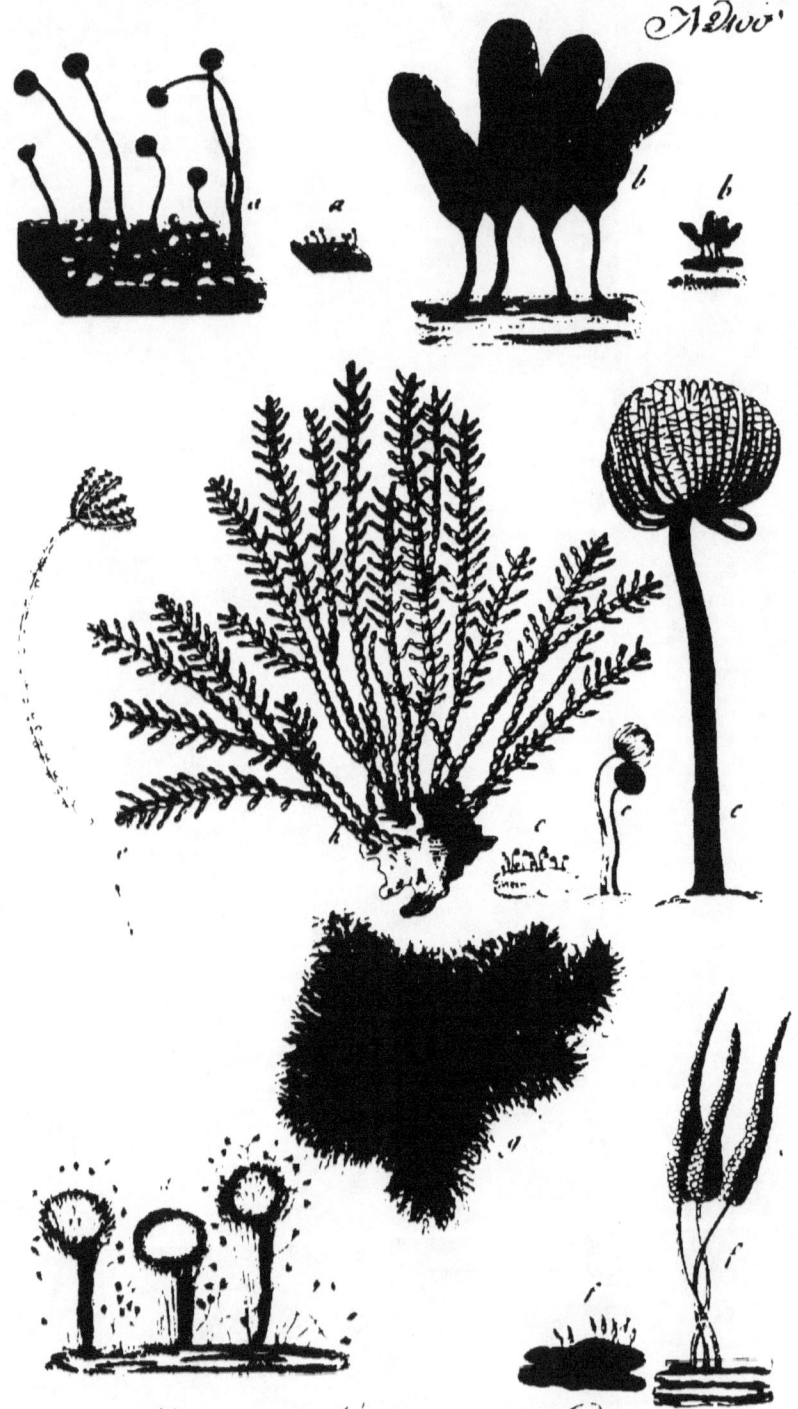

C.
MUCORES, CONFERVAE, BYSSI.

*Schimmelschwämme, Wasserfäden, Byssusarten. —
Mould's, Conferva's, Byssus's.*

Hier sehen wir die letzten Gestalten des Gewächsreiches, und die Schwammformen, die zu ihnen übergehen.

Die Staubschwämme erhalten nach und nach einen mehr verlängerten Stiel. Wenn er zart und fadenförmig, und der ganze Schwamm zugleich zart und mikroskopisch wird, so dass nur die Vergrösserung ihn deutlich beurtheilen läfst (a. b. c.), so entsteht die Bildung des Schimmelschwamms. Diese zarten Schwämmchen sind in ihren Arten und Einrichtung, wo z. B. der Saamenkopf geschlossen bleibt (a), die Saamen zwischen Wolle erhält (b), oder aus einem Gitter fallen läfst (c), so verschieden, wie die gröfsten.

An die Schimmel gränzen zarte, fadige Gewächse, die mit Staubkörnern gemischt sind, mehr oder weniger an die knopfartige Schimmelform erinnern (d — f.), oder sich gar in ein blosses Pulver zurückziehen. Sie wachsen in dumpfigen Kellern, an alten Bäumen, Gebäuden u. d. Von ihrer Zartheit nannte man sie Byssus, wie die Alten ihr zärtestes Gewebe.

Die Wasserfaden (g), die allgemein bekannt sind, und die ihnen verwandten Korallmoose (h) der See schliessen sich an die vorigen an. Die Natur dieser Gewächse schränkt sich fast auf das Geringste ein, was sie braucht, auf gegliederten Knotentrieb (Fr. Bot. S. 170.) und Verästung. Aber Reichthum der Mannigfaltigkeit ist ihr auch jetzt noch eigen, sie opfert ihn niemals auf.

C.
MUCORES, CONFERVAE, BYSSI.

Moisissures, Conferves, espèces de Byssus. — Mould's, Conserva's, Byssus's.

Voici les formes dernières du règne végétal, et celles des champignons qui s'en rapprochent.

Les Vesseloups sont une tige qui s'allonge peu a peu. Si elle est tendre et filamenteuse et qu'en même tems le vesseloup entier soit d'une telle finesse, qu'il n'y a que le microscope qui puisse le faire exactement observer (a. b. c.), voilà la formation d'une moisissure, qui se présente à nos yeux. La variété des espèces et de la structure de ces petits champignons ne cede pas à celle des plus grands; dans l'un par exemple le bouton contenant la semence se tient fermé (a); dans l'autre il retient la semence entremêlée de laine (b); ou la laisse tomber par une grille (c).

A côté des moisissures se rangent des plantes filamenteuses et tendres, mêlées de grains de poussière, qui rappellent plus ou moins à notre esprit la forme des boutons des moisissures (d — f.), ou se réduisent même en poudre. Elles croissent dans les caves moites, a tous les arbres aux bâtimens etc. C'est de la finesse de leur forme qu'elles ont tiré le nom de Bysse; nom que les anciens donnoient au tissu le plus fin, qu'ils connoissoient.

Les conferva (g) généralement connus, et les corallines de la mer, qui s'en rapprochent (h) vont se joindre à la suite des précedentes. Dans ces sortes de plantes la nature se réduit à ce, qu'il y a de plus essentiel; c'est à dire à ramifier et à pousser des noeuds articulés; (*Fr. Bot.* . 7); mais c'est même là où elle ne cesse de se plaire à être féconde en variété et diversité; voilà son caractère, elle ne sauroit jamais le démentir.

Lateinisches Register.

Agarici XCVII.
Agrostemma Coeli Rosa LXXXI
Amaryllis vittata LIV.
Antirrhinum alpinum XXVIII.
Antirrhinum triste XXIX.
Anthyllis tetraphylla LXX.
Aquilegia canadensis LIX.
Arum trilobatum XC.
Asplenium Scolopendrium XCIII.

Boleti XCVII.
Borbonia crenata LXXI.
Browallia elata LXXIII.
Bulbocodium vernum XX.
Byssi C.

Calceolaria pinnata LXXII.
Camellia japonica II.
Campanula carpathica LX.
Capparis spinosa XIV.
Cassia Chamaecrista XXXXIV.
Celsia linearis LXXIV.
Centaurea montana LXVII.
Cheiranthus maritimus LXXX.
Cistus incanus XLV.
Cistus ladaniferus XLIV.
Clavariae XCVIII.
Colutea frutescens LXVIII.
Commelina communis XLVII.
Confervae C.
Convolvulus linearis LXXVIII
Cyclamen Coum XXX.
Cypripedium album XXIII.

Dodecatheon Meadia XXXI.
Dorstenia Contrayerua XCI.
Epidendrum cochleatum XXII.
Epilobium angustissimum XXXIX.
Equisetum XCII.
Erica cerinthoides XVII.
Erica grandiflora XVI.

Fuchsia coccinea XL.

Geranium glaucum XXXV.
Glycine rubicunda XXV.
Gnaphalium eximium X.

Haemanthus albiflos LV.
Helleborus lividus LVII.
Helleborus niger LVI.
Hepaticae XCV.
Hibiscus Rosa sinensis XLII.
Hibiscus syriacus XLIII.
Hyacinthus comosus XLIX.
Hyacinthus monstrosus L.
Hyacinthus racemosus XLVIII.
Hydnum XCVII.
Hyoscyamus aureus LXXV.
Hypericum monogynum LXXXII.

Jasminum odoratissimum LXXVII.
Indigofera candicans LXIX.
Iris pavonia XVIII.
Ixia Bulbocodium XIX.
Ixora coccinea I.

Liche-

Lichenes XCVI.
Lilium Catesbaei XXI.
Lobelia Cardinalis LXIII.
Lobelia surinamensis LXII.
Lopezia racemosa XLI.
Lycoperda XCIX.

Melaleuca scoparia LII.
Mesembryanthemum aureum IX
Mesembryanthemum pomeridianum VIII.
Metrosideros citrina LIII.
Michauxia campanuloides LXI.
Mimosa pudica VI.
Mimosa verticillaris VII.
Monsonia speciosa XXXIV.
Mucores C.
Musci XCIV.

Narcissus Bulbocodium LXXXVIII.

Passiflora alata LXXXIII.
Pezizae XCVIII.
Plumbago rosea LXXIX.
Plumeria rubra IV.
Pulmonaria virginica LXXVI.
Pyrus spectabilis LI.

Rosa muscosa XXXVII.
Rosa semperflorens V.
Rudbeckia alata XII.
Rudbeckia amplexifolia XIII.
Rudbeckia purpurea LXIV.

Salvia aurea XXVII.
Sanguinaria canadensis XV.
Saxifraga sarmentosa XXXVIII
Scolymus maculatus XI.
Sempervivum monanthes LXXXVI.
Soldanella alpina XXXII.
Sophora tetraptera XXIV.
Strelitzia Reginae LXXXIX.

Tagetes patula LXVI.
Teucrium latifolium XXVI.
Tradescantia virginica XLVI.
Trichosanthes anguina LXXXVII.
Trillium sessile XXXIII.
Trollius asiaticus LVIII.
Tropaeolum minus XXXVI.

Vinca rosea III.
Viola pedata LXXXV.

Zinnia multiflora LXV.

Deut-

Deutsches Register.

Alpen-Drottelblume XXXII.
Alpen-Flockblume LXVII.
Alpen-Löwenmaul XXVIII.
Amerikanische Ackeley LX.
Asiatische Engelblume LVIII.

Becherschwämme XCVIII.
Bergsafran XX.
Blätterschwämme XCVII.
Blasenstrauch LXVIII.
Braunrothe Glycine XXV.
Breitblättriger Gamander XXVI.
Breitblättrige Rudbeckia XIII.
Breitstengliche Passionsblume LXXXIII.

Canadisches Blutkraut XV.
Cardinalblume LXIII.
Carpathische Glockenblume IX.
Catesby's Lilie XXI.
Chinesische Haarblume LXXXVII.
Chinesischer Apfelbaum LI.
Chinesisches Johanniskraut LXXXII.
Contrayerve XCI.
Corallenhyacinthe L.

Dreylappiges Arum XC.

Einblumiges Hauslaub LXXXVI.
Eisgraues Geranium XXXV.

Federhyacinthe L.
Flechten XCVI.
Frühlingszeitlose XX.
Fussblättriges Veilchen LXXXV.

Gefiederte Pantoffelblume LXXII.
Geflügelte Rudbeckia XII.
Gelber Jasmin LXXVII.
Gemeine Commeline XLVII.
Gemeiner Kaperstrauch XIV.
Gezähnelte Borbonie LXXI.
Goldgelbes Bilsenkraut LXXI.
Goldgelbe Salbey XXVII.
Goldfarbige Mittagsblume IX.
Grauer Cistus XIV.
Grosblumige Heide XVI.
Grosse Browallia LXXIII.

Himmelsrose LXXXI.
Hirschzunge XCIII.
Hochrothe Fuchsia XL.

Japanische Camellie II.
Immerblühende Rose V.
Italienische Ixie XIX.

Keulenschwämme XCVIII.
Kleine Kapucinerblume XXXVI.
Kleine Sammtblume LXVI.
Königliche Strelitzie LXXXIX.

Ladanum-Cistus XLIV.
Laubmoose XCIV.
Lebermoose XCV.
Löcherschwämme XCVII.
Löffelartige Vanille XXII.

Meerstrandslevkoje LXXX.
Mexikanische Lopezia XLI.
Michauxie LXI.
Moos-Rose XXXVII.

Nachmittägige Zaferblume VIII
Neuseeländischer Thee LII.

Pfauen-Iris XVIII.
Prächtige Monsonia XXXIV.
Prächtiges Ruhrkraut X.
Purpurstreifige Amaryllis LIV.

Rankiger Steinbrech XXXVIII.
Röthliche Niefswurz LVII.
Rosen-Eybisch XLII.
Rosenrothes Sinngrün III.
Rothe Plumerie IV.
Rothe Zahnwurzel LXXIX.
Rothe Rudbeckia LXIV.
Rundblättrige Erdscheibe XXX.

Schaftheü XCII.
Scharfblättriger Weifsbaum LIII.
Scharlachrothe Ixora I.
Schimmelschwämme C.
Schmalblättrige Bergnarcisse LXXXVIII.
Schmalblättrige Celsia LXXIV.
Schmalblättrige Trauben-Hyacinthe XLVIII.
Schmalblättrige Winde LXXVIII.
Schwarze Niefswurz LVI.
Stachelschwamm XCVII.
Staubschwämme XCIX.
Sternblättrige Mimosa VII.

Stiellofes Dreyblatt XXXIII.
Strauchartige Blasensenne LXVIII.
Surinamische Lobelia LXII.
Syrischer Eybisch XLIII.

Trauerndes Löwenmaul XXIX.

Uchtblume XX.

Verschämte Sinnpflanze VI.
Vielblumige Zinnia LXV.
Vierblättrige Wollblume LXX.
Vierkantige Sophora XXIV.
Virginische Götterblume XXXI
Virginische Tradescantie XLVI
Virginisches Lungenkraut LXXVI.

Wachsblumenartige Heide XVII.
Wafserfaden C.
Weifsblühende Blutblume LV.
Weifse Christblume LVI.
Weifser Frauenschuh XXIII.
Weifsfleckiger Strobeldorn XI.
Weifsliche Indigopflanze LXIX

Zartblättriger Schootenweiderig XXXIX
Zopftragende Hyacinthe XLIX
Zwerg-Cassie LXXXIV.

Fran-

Französisches Register.

Amaryllis à rayes pourprées LIV.
Anthyllée à quatre feuilles LXX
Arum, ou Pied-de-veau a trois lobes XC.

Baguenaudier d'Ethiopie LXVIII.
Borbone crénelée LXXI.
Bruyère à grandes fleurs XVI.
Bruyère semblable au Mélinet XVII.

Calceolaire empenné LXXII.
Camellie Japonne II.
Campanelle des Carpathes LX.
Caprier ordinaire XIV.
Cardinale I XIII.
Cassie naine LXXXIV.
Cépe's XCVII.
Champignons XCVII.
Ciste grise XLV.
Clavaire's XCVIII.
Colchique de Printems XX.
Colombine d'Amerique LIX.
Commeline commune XLVII.
Contra-yerva XCI.
Cyclamen à feuilles rondes XXX.

Dodécathéon de Virginie XXXI
Dorstenia XCI.

Ellebore noir LVI.
Ellebore rouge LVII.

Fausse-Molaine a feuilles étroites LXIV.
Faux-Colchique XX.

Faux-Hellebore de l'Asie LVIII.
Faux Lychnis LXXXI.
Fuchsie de couleur écarlate XL.

Géranium de couleur grisâtre XXXV.
Germandrée à feuilles larges XXVI.
Giroflier de la Mediterranée LXXX.
Glycine de couleur brune rougeâtre XXV.
Grande Browallée LXXIII.
Guimauve syrienne XLIII.
Guimauve rosate XLII.

Hemante a fleur blanches LV.
Hépatiques XCV.
Herbe à trois feuilles et sans tige XXXIII.
Hyacinthe en raisins et à feuilles etroites XLVII.
Hyacinthe en tresses XLIX.
Hyacinthe monstrueuse L.

Jacée des Alpes LXVII.
Jasmin jaune LXXVII.
Joubarbe a une fleur LXXXVI.
Iris de Paon XVIII.
Jusquiame jaune LXXV.
Ixora de couleur ecarlate I.
Ixie Italienne XIX.

Ladanum-Ciste XLIV.
Lichens XCVI.
Liseron a feuilles étroites LXXVIII.

Lobe-

Lobelie de Suriname LXII.
Lopezie du Mexique XLI.
Lys de Catesby XX'.
Lys Narcisse à feuilles étroites LXXXVIII.

Mesembryanthe à couleur d'or IX.
Mesembryanthe d'Aprésmidi VIII.
Metrosidere, ou l'arbre blanc, a feuilles rudes LIII.
Michauxie LXI.
Millepertuis Chinois LXXXII.
Mimose à feuilles radiées VII.
Moisissures C.
Monsonie magnifique XXXIV.
Mousses XCIV.
Musflier des Alpes XXVIII.
Musflier triste XXIX.

Narcisse d'Automne LXXXVIII
Neriette à feuilles tendres XXXIX.

Passiflore a tige large LXXXIII.
Pervenche couleur de rose III.
Periiere magnifique X.
Pesise's XCVIII.
Petite Capucine XXXVI.
Petit Oeillet d'Inde LXVI.
Plombaginée rouge LXXIX.
Plumerie rouge IV.
Pommier chinois LI.
Porte-Indigo blanchatre LXIX.

Prêle XCII.
Pulmonaire de Virginie LXXVI

Rose moussue XXXVII.
Rosier toujours fleurissant V.
Rydbecke à feuilles larges XIII.
Rydbecke ailée XII.
Rydbecke pourprée LXIV.

Sabotiere blanche XXIII.
Sanguinaire de Canada XV.
Sauge jaune dorée XXVII.
Saxifrage rameuse XXXVIII.
Scolime taché XI.
Scolopendre XCIII.
Sensitive pudique VI.
Soldanelle des Alpes XXXII.
Sophore à quatre côtés XXIV.
Strelitzie royale LXXXIX.

Thé de la nouvelle Zélande LII.
Trichosanthes de la Chine LXXXVII.
Tradescantia de Virginie XLVI

Vanille à fleur en forme de Cuiller XXII.
Vesseloups XCIX.
Violette a feuilles en forme de pieds LXXXV.

Zinnée à beaucoup des fleurs LXV.

Engli-

Englisches Register.

Ashamed Mimosa VI.
Agaric's XCVII.
Alpine Soldanella XXXII.
Alpine Toad-Flax XXVIII.
Althaea Frutex XLIII.
American Cowslip XXXI.
Annual Commeline XLVII.
Annual Golden Thistle XI.
Asiatic Globe-Flower I.VIII.
After noon's Fig Marygold VIII.

Black Hellebore LVI.
Bloodwort XV.
Boletus's XCVII.
Broad leav'd Shrubby German-der XXVI.
Byssus's C.

Canada Puccoon XV.
Canadian Colombine LIX.
Canna-leaved Strelitzia LXXXIX.
Caper Shrubb XIV.
Cardinals-Flower LXIII.
Carpatian Bell-flower LX.
Catesby's Lily XXI.
China-Rose Hibiscus XLII.
Chinese Appletree LI.
Chinese Hair-flower LXXVII.
Chinese St. John's-Wort LXXXII.
Christmas-Rose I.VI.
Clavaria's XCVIII.
Conferva's C.
Contrayerva XCI.
Cut-leaved Violet LXXXV.

Dingy-flowerd Glycine XXV.
Dwarf-Cassia LXXXIV.
Dwarf Hauseleck LXXXVI.

Feathered Hyacinth L.
Four-leaved Ladies Finger LXX.
French Marygold LXVI.

Giant Cudweed X.
Golden Fig-Marygold IX.
Golden-flowered Henbane LXXV.
Golden Sage XXVII.
Greater Blue Bottle LXVII.
Great flowered Heath XVI.
Gum Cistus XLIV.

Harsh-leaved Metrosideros LIII.
Harts-tongue XCIII.
Heart-leaved Borbonia LXXI.
Hepatic-Mosses XCV.
Hoary, or Rose Cistus XLV.
Honeywort-flower'd Heath XVII.
Hoop-Petticoat-Narcissus LXXXVIII.
Horse-tail XCII.
Hydnum XCVII.

Italian Ixia XIX.

Large-flower'd Monsonia XXXIV.
Lichen's XCVI.
Linear-leaved Celsia LXXIV.
Livid, or purple Hellebore LVII.

Many-

Many-flowered Zinnia LXV.
Mead's Dodecantheon XXXI.
Mediterranean Stock LXXX.
Melancholy or black-flower'd. Toad Flax XXIX.
Mexican Lopezia XLI.
Mosses XIV.
Moss-Rose XXXVII.
Mould's C.

Narrowest-leav'd Willow-herb. XXXIX.
Narrow-leaved Convolvulus LXXVIII.

Peacock Iris XVIII.
Peziza's XCVIII.
Pinnated Slipper-Wort LXXII.
Plumeria red IV.
Puff-balls XCIX.
Purple Rudbeckia LXIV.

Rose Camellia II.
Rose-Campion LXXXI.
Rose-coloured Lead-Wort LXXIX.
Rosed Perwinkle III.
Rose ever-blowing V.
Rough-leaved Michauxia LXI.
Round-leaved Cyclamen XXX

Scarlet Bladder Senna LXVIII.
Scarlet Fuchsia XL.
Scarlet Ixora I.
Scarlet Lobelia LXIII.
Sessile Trillium XXXIII.
Shrubby Lobelia LXII.

Small Tropaeolum, or Indian-Cress XXXVI.
Smooth leaved Cockle LXXXI
Spear-leaved Geranium XXXV
Spiderwort XLVI.
Spreeding Tagetes LXVI.
Starch-Hyacinth XLVIII.
Strawberry Saxifrage XXXVIII
Superb Amaryllis LIV.
Surrounded Dwarf-Sun-Flower XIII.
Sweetest Jasmine LXXVII.
Syrian Hibiscus XLIII.

Tall-Browallia LXXIII.
Tassel Hyacinth XLIX.
Tea-Melaleuca LII.
Three-lobed Arum XC.
Two coloured Hyacinth XLIX.
Two-leaved Epidendrum XXII.

Vernal Bulbocodium XX.
Virginia Lungwort LXXVI.
Virginian Tradescantia XLVI.

White-flower'd Haemanthus LV.
White-leaved Indigo LXIX.
White-petal'd Ladies-Slipper XXIII.
Whorl'd-leav'd Mimosa VII.
Winged Dwarf-Sun-Flower XII.
Winged Passion-Flower LXXXIII.
Winged-podded Sophora XXIV.

www.ingramcontent.com/pod-product-compliance
Lightning Source LLC
Chambersburg PA
CBHW020823230426
43666CB00007B/1079